Dietrich Bonhoeffer

# Ich will mit euch gehen in ein neues Jahr

DIETRICH BONHOEFFER

# *Ich will mit euch gehen in ein neues Jahr*

365 Bilder & Gedanken

benno

## VON GUTEN MÄCHTEN TREU UND STILL UMGEBEN

Von guten Mächten treu und still umgeben
behütet und getröstet wunderbar.
So will ich diese Tage mit euch leben
und mit euch gehen in ein neues Jahr.

Noch will das alte unsre Herzen quälen,
noch drückt uns böser Tage schwere Last.
Ach Herr, gib unsern aufgeschreckten Seelen
das Heil, für das du uns geschaffen hast.

Und reichst du uns den schweren Kelch, den bittern,
des Leids gefüllt bis an den höchsten Rand,
so nehmen wir ihn dankbar ohne Zittern,
aus deiner guten und geliebten Hand.

Doch willst du uns noch einmal Freude schenken
an dieser Welt und ihrer Sonne Glanz,
dann wolln wir des Vergangenen gedenken,
und dann gehört dir unser Leben ganz.

Lass warm und still die Kerzen heute flammen,
die du in unsre Dunkelheit gebracht
Führ, wenn es sein kann, wieder uns zusammen.
Wir wissen es: Dein Licht scheint in der Nacht.

Wenn sich die Stille nun tief um uns breitet,
so lass uns hören jenen vollen Klang
der Welt, die unsichtbar sich um uns weitet,
all deiner Kinder hohen Lobgesang.

Von guten Mächten wunderbar geborgen
erwarten wir getrost, was kommen mag.
Gott ist bei uns am Abend und am Morgen
und ganz gewiss an jedem neuen Tag.

*Dietrich Bonhoeffer*

**JANUAR** Den Anfang wagen

**FEBRUAR** Ruhe und Stille finden

**MÄRZ** Beten lernen

**APRIL** Hoffnung finden

**MAI** Jesus Christus folgen

**JUNI** Unter Gottes Liebe leben

**JULI** Aus der Weisheit der Schrift lernen

**AUGUST** Erfüllung finden

**SEPTEMBER** Gottes Frieden schenken lassen

**OKTOBER** In Verantwortung leben

**NOVEMBER** Nächstenliebe praktizieren

**DEZEMBER** In Dankbarkeit empfangen

# JANUAR

## DEN ANFANG WAGEN

Allein wo Gott ist, ist das Neue und der Anfang.

JANUAR

# 1

*Wachsein* heißt die Welt sehen, wie sie vor Gott ist, ohne zu richten, heißt offen sein, bereit sein für die Zukunft, ihr ins Auge sehen und sich nicht fürchten.

# 2

Es heißt den hellen Tag Gottes sehen, wie er ist; seine Schöpfung und sein Werk lieben, aber zugleich die Leiden der Kreatur, die Not und die Hilflosigkeit des anderen Menschen sehen, seinen Anspruch vernehmen, auch dort, wo er unausgesprochen bleibt.

JANUAR

# 3

Es heißt, um die ewige Schuld wissen. Dies Wachsein kann sich der Mensch nicht selbst geben. Sondern zu diesem Wachsein muss Gott den Menschen rufen.

4

JANUAR

Lebe vor Gott als der, zu dem er dich gemacht hat! Aber dies Wort »lebe« kann ja kein Befehl sein, sondern es ist das Schöpferwort Gottes selbst.

JANUAR

# 5

Nicht schlafen,
sondern wach sein
soll der Mensch,
heißt nüchtern sein,
nicht in Träumen
und Wünschen
leben, sondern in der
hellen Wirklichkeit,
heißt den Tag und
sein Werk lieben.

# 6

JANUAR

Die Hirten wie die Weisen aus dem Osten stehen an der Krippe, nicht als »bekehrte Sünder«, sondern einfach, weil sie, so wie sie sind, von der Krippe herangezogen werden.

JANUAR

# 7

Es heißt ohne Illusionen sein, weil die Illusionen uns die Welt vergötzen und den Blick auf den einen Gott, von dem man sich keine Götzen machen soll, verschleiern und uns die Welt in den Farben unserer eigenen Wünsche und Vorurteile sehen lassen.

# 8

JANUAR

Geheimnislos leben heißt, von dem Geheimnis in unserem eigenen Leben, von dem Geheimnis des anderen Menschen nichts wissen, heißt an der Oberfläche bleiben, heißt die Welt nur so weit ernst nehmen, als sie verrechnet und ausgenutzt werden kann.

JANUAR

# 9

Hätte Gott nur den Menschen Jesus in der Taufe als seinen Sohn angenommen, so blieben wir unerlöst. Ist aber Jesus der Sohn Gottes, der von seiner Empfängnis und Geburt an unser eigenes Fleisch und Blut angenommen hat und trägt, dann allein ist er wahrer Mensch und wahrer Gott.

# 10

JANUAR

Dann allein kann er uns helfen; dann aber hat uns in seiner Geburt wirklich »die rettende Stunde geschlagen«, dann ist die Geburt Christi das Heil aller Menschen.

JANUAR

# 11

*Wer* von dem gefundenen Anfang herkommt, der ist im Gesetz Gottes, wird von ihm gehalten und bewahrt werden zum Leben.

# 12

JANUAR

*Jeder* neue Morgen ist ein neuer Anfang unseres Lebens. Jeder Tag ist ein abgeschlossenes Ganzes. Der heutige Tage ist die Grenze unseres Sorgens und Mühens (Matthäus 6,34; Jakobus 4,14).

JANUAR

# 13

Der heutige Tag
ist lang genug, um
Gott zu finden oder
zu verlieren, um
Glauben zu halten
oder in Sünde und
Schande zu fallen.
Darum schuf Gott
Tag und Nacht,
damit wir nicht im
Grenzenlosen
wanderten, sondern
am Morgen schon
das Ziel des Abends
vor uns sähen.

# 14

JANUAR

Wie die alte Sonne doch täglich neu aufgeht, so ist auch die ewige Barmherzigkeit Gottes alle Morgen neu (Klagelieder 3,23). Die alte Treue Gottes allmorgendlich neu zu fassen, mitten in einem Leben mit Gott täglich ein neues Leben mit ihm beginnen zu dürfen, das ist das Geschenk, das Gott mit jedem neuen Morgen macht.

JANUAR

# 15

Nicht die Angst vor dem Tag, nicht die Last der Werke, die ich zu tun vorhabe, sondern der Herr »weckt mich alle Morgen; er weckt mir das Ohr, dass ich höre wie ein Jünger«; so heißt es vom Knecht Gottes (Jesaja 50,4).

# 16 JANUAR

Bevor das Herz sich der Welt auf-schließt, will Gott es sich erschließen, bevor das Ohr die unzähligen Stimmen des Tages vernimmt, soll es in der Frühe die Stimme des Schöpfers und Erlösers hören. Die Stille des ersten Morgens hat Gott für sich selbst bereitet. Ihm soll siegehören.

JANUAR

# 17

Dass die Bibel vom Anfang redet (1 Mose 1,1), das bringt die Welt, das bringt uns auf. Denn wir können nicht vom Anfang reden, dort wo der Anfang anfängt, hört unser Denken auf, ist es am Ende.

18 JANUAR

Wir wissen, dass wir dauernd nach dem Anfang fragen müssen und dass wir doch nie nach ihm fragen können. Warum nicht? Weil der Anfang das Unendliche ist, und weil wir das Unendliche nur als das Endlose, also gerade als das Anfanglose denken können.

JANUAR

# 19

Der Anfang ist die Freiheit und wir die Freiheit immer nur in der Notwendigkeit denken können, also als das eine unter anderem, aber nie als das Eine schlechthin vor allem anderen.

20

JANUAR

*Wie* finden wir einen neuen Anfang? … »Wer seine Hand an den Pflug legt ….« (Lukas 9,62); nicht zurück, aber auch nicht in unübersehbare Fernen schaut der Mann, der den Pflug führt, sondern auf den nächsten Schritt, den er tun muss. Rückblicke sind keine christliche Sache. Lass dahinten Angst, Kummer, Schuld. Du aber sieh auf den, der dir einen neuen Anfang gegeben.

JANUAR

# 21

Die Hauptsache ist, dass man mit Gott Schritt hält und ihm nicht immer schon einige Schritte vorauseilt, allerdings auch keinen Schritt hinter ihm zurückbleibt.

# 22

JANUAR

Es ist Übermut,
alles auf einmal
haben zu wollen.
Alles hat »seine
Stunde«:
»weinen und lachen,
… herzen und ferne
sein von Herzen …
zerreißen und
zunähen …
(Prediger 3,4.5b. 7a)
und Gott sucht
wieder auf was
vergangen ist«
(Prediger 3,15b).

JANUAR

# 23

Dies Letzte heißt doch wohl, dass nichts Vergangenes verloren ist, dass Gott mit uns unsere Vergangenheit, die zu uns gehört, wieder aufsucht.

24 JANUAR

Wenn also die Sehnsucht nach einem Vergangenen uns überfällt – und das geschieht zu völlig unberechenbaren Zeiten –, dann können wir wissen, dass das nur eine der vielen »Stunden« ist, die Gott für uns noch bereithält.

JANUAR

# 25

Und dann sollen wir wohl nicht auf eigene Faust, sondern mit Gott das Vergangene wieder aufsuchen.

# 26 JANUAR

Die Güter spiegeln dem menschlichen Herzen vor, ihm Sicherheit und Sorglosigkeit zu geben; aber in Wahrheit verursachen sie gerade erst die Sorge.

JANUAR

# 27

*Das* Herz, das sich an die Güter hängt, empfängt mit ihnen die erstickende Last der Sorge. Die Sorge schafft sich Schätze, und die Schätze schaffen wieder die Sorge.

28 JANUAR

Wir wollen unser Leben durch die Güter sichern, wir wollen durch Sorge sorglos werden; aber in Wahrheit erweist sich das Gegenteil. Die Fesseln, die uns an die Güter binden, die die Güter festhalten, sind selbst – Sorgen.

JANUAR

# 29

Der Missbrauch der Güter besteht darin, dass wir sie zur Sicherung für den nächsten Tag gebrauchen. Sorge ist immer auf das Morgen gerichtet. Die Güter aber sind in strengstem Sinn allein für das Heute bestimmt.

# 30 JANUAR

*Gerade* die Sicherung für den morgigen Tag macht mich heute so unsicher. Es ist genug, dass jeder Tag seine eigene Plage habe (Matthäus 6,34). Wer das Morgen ganz in die Hand Gottes legt und heute ganz empfängt, was er zum Leben braucht, der allein ist wahrhaft gesichert.

JANUAR

# 31

Das tägliche Empfangen macht mich frei vom Morgen. Der Gedanke an das Morgen liefert mich der unendlichen Sorge aus.

# FEBRUAR

## RUHE UND STILLE FINDEN

Gottes Friede heißt Stille für die Abgekämpften, Linderung für die gequälten, wunden Herzen, Tröstung für die Bekümmerten und Weinenden.

FEBRUAR

# 1

Die Feiertagsheiligung ist der Inhalt der Feiertagsruhe. Die Heiligung des Feiertags geschieht durch die Verkündigung des Wortes Gottes im Gottesdienst und durch das bereitwillige und ehrfürchtige Hören dieses Wortes.

2

FEBRUAR

Die Entheiligung des Feiertags beginnt mit dem Verfall der christlichen Verkündigung. Sie ist also in erster Linie Schuld der Kirche und insbesondere der Amtsträger. So geht die Erneuerung der Feiertagsheiligung von der Erneuerung der Predigt aus.

FEBRUAR

# 3

*Unser* Sonntag ist der Tag, an dem wir Jesus Christus an uns und an den Menschen handeln lassen. Zwar soll das alle Tage geschehen; aber am Sonntag ruhen wir von unserer Arbeit, damit es in besonderer Weise geschehe.

FEBRUAR

# 4

Der Dekalog enthält kein Gebot zu arbeiten, aber ein Gebot von der Arbeit zu ruhen. Das ist die Umkehrung von dem, was wir zu denken gewohnt sind.

*Dietrich Bonhoeffer,*
*geboren 1906 in Breslau*

FEBRUAR

5

Nicht die Arbeit erhält den Menschen, sondern allein Gott; nicht von der Arbeit lebt der Mensch, sondern allein von Gott. »Wo der Herr nicht das Haus baut, da arbeiten umsonst, die daran bauen; wo der Herr nicht die Stadt behütet, da wacht der Wächter umsonst.«

# 6 FEBRUAR

Seinen Freunden gibt es der Herr im Schlaf (Psalm 127, 1.2), sagt die Bibel gegen alle, die aus der Arbeit ihre Religion machen. Die Feiertagsruhe ist das sichtbare Zeichen dafür, dass der Mensch aus der Gnade Gottes und nicht aus Werken lebt.

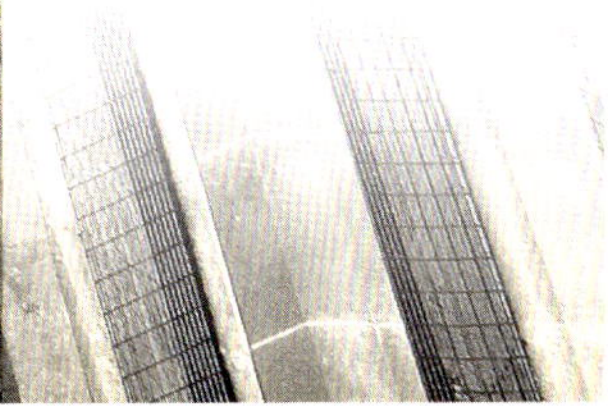

FEBRUAR

# 7

*Die* Feiertagsruhe ist die unerlässliche Voraussetzung der Feiertagsheiligung. Der zur Arbeitsmaschine herabgewürdigte, übermüdete Mensch braucht Ruhe, damit sein Denken sich klären, sein Fühlen sich reinigen, sein Wollen sich neu ausrichten lassen kann.

8

FEBRUAR

Nur der Glaube
kann sorglos schlafen –
darum ist der Schlaf
eine Erinnerung an das
Paradies –, der Glaube
hat seine Sicherheit
allein in Gott.

FEBRUAR

9

Ruhe heißt in der Bibel wirklich mehr als Ausruhen, es heißt Ruhe nach der Vollendung, es heißt Vollendung, heißt Friede Gottes, in dem die Welt liegt, heißt Verklärung, heißt den Blick ganz auf Gottes Gottsein, auf seine Anbetung lenken.

# 10 FEBRUAR

Es ist doch nie die Ruhe eines lethargischen Gottes, sondern die Ruhe des Schöpfers, es ist kein Loslassen der Welt, sondern die letzte Verherrlichung der Welt, die auf den Schöpfer blickt.

FEBRUAR

# 11

Gott muss ja auch in seiner Ruhe der Schöpfer bleiben, »mein Vater wirkt bisher, und ich wirke auch« (Johannes 5, 17b), Gott bleibt der Schöpfer, aber nun als der, der sein Werk vollendet hat.

# 12

FEBRUAR

Gottes Ruhe verstehen wir nur so, dass es zugleich die Ruhe seiner Schöpfung ist. Seine Ruhe ist unsere Ruhe (wie seine Freiheit unsere Freiheit, sein Gutsein unser Gutsein ist).

FEBRUAR

# 13

Aus der Erinnerung und Wiederholung leben Glaube und Gehorsam. Erinnerung wird zur Kraft der Gegenwart, weil es der lebendige Gott ist, der einst für mich gehandelt hat und mich heute dessen vergewissert.

14

FEBRUAR

*Schweigen* heißt nicht Stummsein, wie Wort nicht Gerede heißt. Stummsein schafft nicht Einsamkeit und Gerede schafft nicht Gemeinschaft.

FEBRUAR

15

Nicht nur die Angst ist ansteckend, sondern auch die Ruhe und die Freude, mit der wir dem jeweils Auferlegten begegnen.

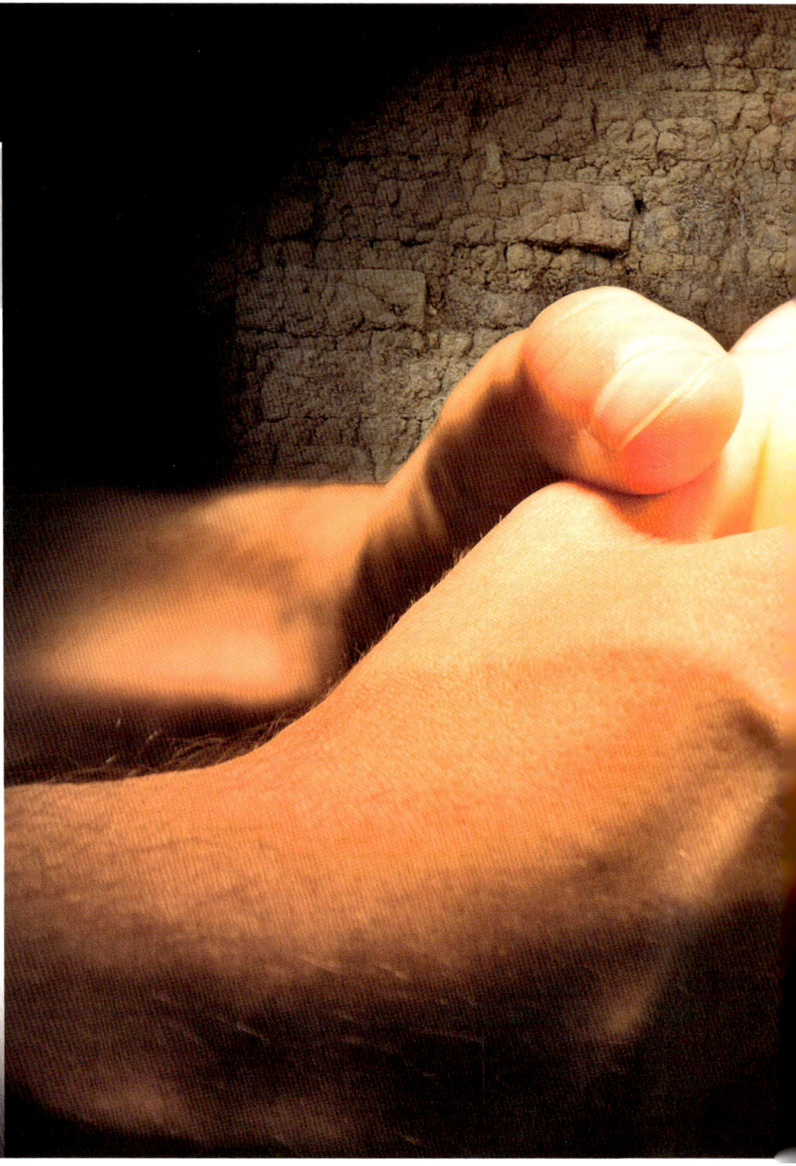

16 FEBRUAR

Und es haben sich die, die dieses Wort Gottes, wie es seit 2000 Jahren ergeht, liebten, nicht nehmen lassen, ihr Schönstes zu seinem Schmuck herbeizutragen. Und das Schönste konnte gar nichts anderes sein als etwas Unsichtbares, nämlich ein gehorsames Herz.

FEBRUAR

# 17

Gottes Wort beansprucht meine Zeit. Gott selbst ging ein in die Zeit und will nun auch, dass ich ihm meine Zeit gebe. Christsein ist nicht die Sache eines Augenblicks, sondern es will Zeit.

# 18 FEBRUAR

*Nur* aus dem Frieden zwischen zweien und dreien kann der große Friede einmal erwachsen, auf den wir hoffen.

FEBRUAR

# 19

Die Zehn Gebote enthalten kein Gebot zu arbeiten, aber ein Gebot, von der Arbeit zu ruhen. Das ist die Umkehrung von dem, was wir zu denken gewohnt sind.

# 20 FEBRUAR

*Wir* müssen bereit werden, uns von Gott unterbrechen zu lassen. Gott wird unsere Wege und Pläne immer wieder, ja täglich durchkreuzen, indem er uns Menschen mit ihren Ansprüchen und Bitten über den Weg schickt.

FEBRUAR

# 21

*Wir* können dann an ihnen vorübergehen, beschäftigt mit den Wichtigkeiten unseres Tages, wie der Priester an dem unter die Räuber Gefallenen vorüberging, vielleicht – in der Bibel lesend (Lukas 10,31). Wir gehen dann an dem sichtbar in unserem Leben aufgerichteten Kreuzeszeichen vorüber, das uns zeigen will, dass nicht unser Weg, sondern Gottes Weg gilt.

# 22

FEBRUAR

In die ersten Augenblicke des neuen Tages gehören nicht eigene Pläne und Sorgen, auch nicht der Übereifer der Arbeit, sondern Gottes befreiende Gnade, Gottes segnende Nähe.

FEBRUAR

# 23

Ich kann nicht glauben, dass es bei Gott auf den Tag ankommt. So darf man im Vertrauen auf Gottes freundliche Fügung getrost etwas warten, um später mit stärkerem Glauben tun zu können, was man im Augenblick nur als ein lastendes Gesetz empfinden würde.

24

FEBRUAR

Wer Gottes Wort empfangen hat, der muss anfangen Gott zu suchen; er kann nicht anders. … Wir können Gott nirgends anders suchen als in seinem Wort; aber dieses Wort ist lebendig und unerschöpflich; denn Gott selbst lebt darin.

FEBRUAR

# 25

*Hat* uns Gottes Wort getroffen, so dürfen wir es sagen: Ich suche dich von ganzem Herzen (Psalm 119,10). Denn mit halbem Herzen würden wir einen Götzen, aber niemals Gott selbst suchen. Gott braucht das ganze Herz. Er will nichts (nicht etwas) von uns, sondern er will uns selbst und ganz.

# 26

FEBRUAR

Das hat uns sein Wort gesagt. Darum suchen wir ihn mit ganzem Herzen. Nur eine Sorge gibt es noch für uns, dass wir von dem angefangenen Wege, von den vernommenen Geboten, abirren.

FEBRUAR

27

Gottes Welt ist Friede, letzter Friede nach letztem Kampf; Gottes Friede heißt ausruhen für die, die das Leben müde gemacht hat.

# 28 FEBRUAR

Der Tag der neutestamentlichen Gemeinde beginnt mit der Frühe des Sonnenaufgangs und endet mit dem Anbruch des Lichtes am neuen Morgen. Das ist die Zeit der Erfüllung, der Auferstehung des Herrn.

FEBRUAR

# 29

Wenn wir Gott sagen, so hören wir ihn gleichsam selbst zu uns sprechen, uns rufen, trösten, uns gebieten; wir spüren ihn an uns handeln, schaffend, richtend, erneuernd. »Wir danken Dir, Gott, dass Dein Name so nahe ist« (Psalm 45,2).

# MÄRZ

## BETEN LERNEN

Keine irdische Macht kann uns anrühren ohne Gottes Willen; Gefahr und Not treiben uns nur näher zu Gott; gewiss ist, dass wir nichts zu beanspruchen haben und doch alles erbitten dürfen.

MÄRZ

# 1

Ich muss die Augen meiner Sinne schließen, wenn ich sehen will, was Gott mir zeigt. Gott macht mich blind, wenn er mich sein Wort sehen lassen will (Psalm 119,18).

2

MÄRZ

Es ist ein täglich neues Gebet, wenn wir morgens unsere Augen auftun und wenn wir sie des Nachts schließen, dass Gott erleuchtete Augen des Herzens geben wolle, die offen stehen, wenn der Tag unsere natürlichen Augen betrügen will und wenn die Nacht uns böse Träume vorspiegelt, geöffnete, erleuchtete Augen, die von den Wundern des Gesetzes Gottes alle Zeit erfüllt sind.

MÄRZ

# 3

*Wem* Gott die Augen für sein Wort geöffnet hat, der sieht in eine Wunderwelt hinein. Was mir bisher tot erschien, ist voller Leben, das Widerspruchsvolle löst sich in höhere Einheit auf, die harte Forderung wird zum gnädigen Gebot.

MÄRZ

# 4

*Mitten* im Menschenwort höre ich Gottes ewiges Wort, in vergangener Geschichte erkenne ich den gegenwärti-gen Gott und sein Wirken mir zum Heil.

MÄRZ

# 5

Der barmherzige Zuspruch wird mir zum neuen Anspruch Gottes, die unerträgliche Last zum sanften Joch. Das große Wunder im Gesetz Gottes ist die Offenbarung des Herrn Jesus Christus.

# 6 MÄRZ

Durch ihn empfängt das Wort Leben, das Widerspruchsvolle Einheit, das Offenbare unergründliche Tiefe. Herr, öffne mir die Augen.

MÄRZ

# 7

Wie die Liebe zu Gott damit beginnt, dass wir sein Wort hören, so ist es der Anfang der Liebe zum Bruder, dass wir lernen, auf ihn zu hören. Es ist Gottes Liebe zu uns, dass er uns nicht nur sein Wort gibt, sondern uns auch sein Ohr leiht.

# 8

MÄRZ

So ist es sein Werk, das wir an unserem Bruder tun, wenn wir lernen, ihm zuzuhören. Christen, besonders Prediger, meinen so oft, sie müssten immer, wenn sie mit andern Menschen zusammen sind, etwas »bieten«, das sei ihr einziger Dienst. Sie vergessen, dass Zuhören ein größerer Dienst sein kann als Reden.

MÄRZ

# 9

Viele Menschen suchen ein Ohr, das ihnen zuhört, und sie finden es unter den Christen nicht, weil diese auch dort reden, wo sie hören sollten. Wer aber seinem Bruder nicht mehr zuhören kann, der wird auch bald Gott nicht mehr zuhören, sondern er wird auch vor Gott immer nur reden.

# 10

MÄRZ

Wer nicht lange und geduldig zuhören kann, der wird am andern immer vorbeireden und es selbst schließlich gar nicht mehr merken. Wer meint, seine Zeit sei zu kostbar, als dass er sie mit Zuhören verbringen dürfte, der wird nie wirklich Zeit haben für Gott und den Bruder, sondern nur immer für sich selbst, für seine eigenen Worte und Pläne.

MÄRZ

# 11

Es ist nicht nötig, dass wir in der Meditation darum bemüht sind, in Worten zu denken und zu beten. Das schweigende Denken und Beten, das nur aus dem Hören kommt, kann oftmals förderlicher sein.

# 12

MÄRZ

Es genügt vollkommen, wenn das Wort, wie wir es lesen und verstehen, in uns eindringt und bei uns Wohnung macht.

MÄRZ

# 13

*Wir* müssen die Sprache Gottes lernen, mühsam lernen, müssen arbeiten daran, dass auch wir zu ihm reden können; auch das Gebet muss geübt werden, in ernster Arbeit. Ein schwerer, verhängnisvoller Irrtum ist es, wenn man Religion mit Gefühlsduselei verwechselt.

14

MÄRZ

*Religion* ist Arbeit, und vielleicht die schwerste und gewiss die heiligste Arbeit, die ein Mensch tun kann. Es ist jämmerlich, sich zufriedenzugeben mit den Worten, ich bin nicht religiös veranlagt, – wenn es doch einen Gott gibt, der uns haben will.

MÄRZ

# 15

*Die* christliche Sache lebt und stirbt mit dem Gebet, das Gebet ist das Herz christlichen Lebens. Luther hat gesagt, wie ein Schuster Schuhe macht und ein Schneider Kleider, so muss ein Christ beten.

*Beten* ist nicht nur bitten und auch nicht nur danken. Beten heißt erstlich einmal so stille werden, dass wir Gottes Wort an uns vernehmen, heißt dann aber, diesem Wort Antwort geben, sei es in Worten oder in Taten.

MÄRZ 17

*Beten* heißt Gott nahekommen und nahe bleiben wollen, weil er uns nahegekommen ist. Beten können wir nur, weil Christus da ist, in ihm hat unser Gebet seinen Grund, denn durch ihn haben wir Gott zum Vater. Christus ist aber […] die Kraft unseres Betens und nur aus dieser Kraft können wir ohn' Unterlass beten (1 Thessalonicher 5,16-18).

18 MÄRZ

Aber eben weil Christus unsere Kraft ist, die uns zum Vater führt, darum macht das Gebet uns fröhlich und stark, darum kann ein Mensch, der betet, nicht mehr Angst haben und nicht mehr traurig sein. Im Gebet ist Christus, ist Gott uns nahe. Nahet euch zu Gott, so naht er sich zu euch.

MÄRZ

# 19

Die Kraft des Menschen ist das Gebet. Beten ist Atemholen aus Gott; beten heißt, sich Gott anvertrauen.

# 20

MÄRZ

*Wir* dürfen wissen, dass Gott weiß, was wir bedürfen, ehe wir darum bitten. Das gibt unserem Gebet größte Zuversicht und fröhliche Gewissheit.

MÄRZ

# 21

Das rechte Gebet
ist nicht ein Werk,
eine Übung, eine
fromme Haltung,
sondern es ist die Bitte
des Kindes zum
Herzen des Vaters.
Darum ist das Gebet
niemals demonstrativ,
weder vor Gott, noch
vor uns selbst, noch
vor anderen.

# 22

MÄRZ

*Unser* Christsein wird heute nur in zweierlei bestehen: im Beten und im Tun des Gerechten unter den Menschen. Alles Denken, Reden und Organisieren in den Dingen des Christentums muss neu geboren werden aus diesem Beten und diesem Tun.

März

# 23

Der letzte Ruhm ist nicht, dass die Welt gerichtet und verurteilt wird, sondern dass Christus durch sein Kreuz, das auch das Kreuz der Gemeinde ist, die Welt begnadigt und Frieden macht.

24

MÄRZ

Das Ach unserer Wünsche und das Ach des Gebetes ist zweierlei; jenes kommt aus unserer Not, wie wir sie selbst verstehen, dieses aus unserer Not, wie sie uns Gott zu sehen gelehrt hat; jenes ist anspruchsvoll oder verzweifelt, dieses ist demütig und zuversichtlich.

MÄRZ

# 25

Ein Christ sagt nicht, er stehe allezeit in Versuchung und allezeit in der Bewahrung, sondern er betet in den Zeiten der Bewahrung, Gott wolle die Zeit der Versuchung nicht über ihn kommen lassen.

26 MÄRZ

Der Christ weiß, dass ihn in der Stunde der Versuchung jedes Mal alle seine Kräfte verlassen werden. Darum ist für ihn die Versuchung die dunkle Stunde, die unwiderruflich werden kann. Darum sucht er nicht nach Bewährung seiner Kraft, sondern betet: Führe uns nicht in Versuchung.

MÄRZ

# 27

Unser Gebet kann niemals eine Beschwörung Gottes sein, wir brauchen uns vor ihm nicht mehr darzustellen.

28

MÄRZ

Die Stunde der Versuchung soll Jesus schwach, einsam und hungrig finden. Gott lässt den Menschen in der Versuchung allein.

MÄRZ

# 29

Was allem menschlich-ethisch-religiösen Denken unbegreiflich bleiben muss: Gott er zeigt sich in der Versuchung nicht als der Gnädige und Nahe, der uns mit allen Gaben des Geistes ausrüstet, sondern er verlässt uns, er ist uns ganz ferne, wir sind in der Wüste.

# 30



Muss denn die Stunde der Versuchung nicht kommen? Ist es darum nicht unerlaubt, so zu beten? Sollten wir nicht vielmehr allein darum beten, dass uns in der Stunde der Versuchung, die ja kommen muss, Kraft zur Überwindung geschenkt werde?

MÄRZ

# 31

So verwirklichen wir im Fasten unsere Existenz als Geschöpfe, die von Gottes Hand geschaffen erst in Gott wieder ihre Erfüllung finden, die nicht bei den Gaben stehen bleiben, sondern den Geber selbst anstreben als das Ziel ihrer Sehnsucht. Mit Leib und Seele strecken wir uns im Fasten nach Gott aus, mit Leib und Seele beten wir ihn an.

APRIL

HOFFNUNG FINDEN

Nicht um einen Kampf von Dunkel und Licht handelt es sich Ostern, sondern um den Kampf der schuldigen Menschheit gegen die göttliche Liebe; einen Kampf, in dem Gott zu unterliegen scheint am Karfreitag und in dem er gerade, indem er unterliegt, siegt – an Ostern.

APRIL

# 1

*Jesus* sagt:
Lasset euer Licht leuchten vor den Heiden (Matthäus 5, 16). Es ist ja in jedem Fall das Licht des Rufes Jesu, das da leuchtet. Aber was für ein Licht ist das nun? … In diesem Licht sollen die guten Werke der Jünger gesehen werden.

APRIL

# 2

Nicht euch, sondern eure guten Werke sollen sie sehen, sagt Jesus. Was sind diese guten Werke, die in diesem Licht gesehen werden können? Es können ja keine anderen Werke sein als die, die Jesus selbst in ihnen schuf, als er sie rief, als er sie zum Licht der Welt machte unter seinem Kreuz – Armut, Fremdlingschaft, Sanftmut, Friedfertigkeit.

APRIL

# 3

Das Kreuz Jesu Christi tragen. Das Kreuz ist das seltsame Licht, das da leuchtet, in dem alle diese guten Werke der Jünger allein gesehen werden können. Es ist ja in all dem nicht davon geredet, dass Gott sichtbar wird, sondern dass die »guten Werke« gesehen werden und dass die Leute über diesen Werken Gott preisen.

APRIL

4

Die Kreuzigung Jesu Christi ist der zwingendste Beweis dafür, dass Gottes Liebe allen Zeiten gleich nah und gleich fern ist. Weil Gott die ganze Welt geliebt hat, darum stirbt Jesus. Wir aber werden in diese selbe durch das Kreuz Jesu besiegelte Liebe zur ganzen Welt hineingerufen.

*Dietrich Bonhoeffer, ermordet 1945 im KZ Flossenbürg*

APRIL

5

Weil Jesus am Kreuz in der Erniedrigung seine und Gottesliebe zur Welt bewährt, folgt auf den Tod die Auferstehung, der Tod kann die Liebe nicht behalten. Die Liebe ist stärker als der Tod (Hohes Lied 8,6 b).

6

APRIL

Das ist der Sinn des Karfreitags und des Ostersonntags: Der Weg Gottes zum Menschen führt zu Gott zurück. So schließt sich der Gottesgedanke Jesu in der Kreuzesdeutung des Paulus zusammen; so wird das Kreuz zum Zentrum und zum paradoxen Sinnbild der christlichen Botschaft.

APRIL

# 7

Ein König, der ans Kreuz geht, muss der König eines wunderlichen Reiches sein. Nur, wer die Tiefe Paradoxie des Kreuzesgedankens versteht, kann den ganzen Sinn des Wortes Jesu verstehen: Mein Reich ist nicht von dieser Welt (Johannes18,36).

# 8

APRIL

Der Mensch lebt aber von der Gnade Gottes, die zu den Menschen kommt und zu jedem Menschen kommt, der sich ihr erschließt und sie im Kreuze Christi verstehen lernt; also nicht die christliche Religion, sondern Gnade und Liebe Gottes, die im Kreuze gipfelt, ist die Gabe Christi.

APRIL

# 9

Wie sollte man bei Erfolgen übermütig oder an Misserfolgen irrewerden, wenn man im diesseitigen Leben Gottes Leiden mitleidet? … Ich bin dankbar, dass ich das habe erkennen dürfen und ich weiß, dass ich es nur auf dem Wege habe erkennen können, den ich nun einmal gegangen bin.

10

APRIL

*Darum* denke ich dankbar und friedlich an Vergangenes und Gegenwärtiges. Gott führe uns freundlich durch diese Zeiten; aber vor allem führe er uns zu sich.

APRIL

11

*Wer* Gott im Kreuze Jesu Christi gefunden hat, weiß, wie wunderlich sich Gott in dieser Welt verbirgt und wie er gerade dort am nächsten ist, wo wir ihn am fernsten glauben.

12

APRIL

Wer die Auferstehung Jesu Christi gläubig bejaht, der kann nicht mehr weltflüchtig werden, er kann aber auch nicht mehr der Welt verfallen, denn er hat mitten in der alten Schöpfung die neue Schöpfung Gottes erkannt.

APRIL

13

Gott ist am Anfang und dass er am Ende sein wird, dass er frei ist über die Welt und dass er uns das wissen lässt, das ist Barmherzigkeit, Gnade, Vergebung, Trost.

14 APRIL

Es ist das Befreiende von Karfreitag und Ostern, dass die Gedanken weit über das persönliche Geschick hinausgerissen werden zum letzten Sinn alles Lebens, Leidens und Geschehens überhaupt und dass man eine große Hoffnung fasst.

APRIL

# 15

Kreuz ist nicht Ungemach und schweres Schicksal, sondern es ist das Leiden, das uns aus der Bindung an Jesus Christus allein erwächst. Kreuz ist nicht zufälliges, sondern notwendiges Leiden.

16

APRIL

Kreuz ist nicht an die natürliche Existenz gebundenes Leiden, sondern an das Christsein gebundenes Leiden. Kreuz ist überhaupt nicht nur wesentlich Leiden, sondern Leiden und Verworfenwerden, und auch hier streng genommen, um Jesu Christi willen verworfen werden.

APRIL

# 17

*Wir* alle kennen die Stunden unseres Lebens, in denen wir überdrüssig wurden an uns selbst, in denen wir uns selbst zum Ekel waren, in denen uns die ganze Jämmerlich- und Schwächlichkeit unserer Lebensführung vor Augen trat. … Und es ist der Segen solcher Stunden, dass in ihnen die Sehnsucht durchbricht nach dem Angesicht Gottes, nach dem Schauen Gottes (Psalm 42,3).

18

APRIL

Wer diese Stunden nicht kennt, wer diese Sehnsucht nicht kennt, der wird nicht viel von dem verstehen, was Jesus uns heute zu sagen hat. Wie nun der einzelne Mensch, so erlebt die ganze Welt Stunden in denen sie schreit nach dem Angesicht Gottes aus der Gottlosigkeit und der Gottverlassenheit.

APRIL

# 19

Auch durch unsere Tage hallt wieder die alte Frage: Wie schauen wir Gott. … In diese Fragen tritt hinein das Wort Jesu: Selig sind, die reines Herzens sind; denn sie werden Gott schauen (Matthäus 5,8). Nichts, gar nichts anderes ermächtigt uns Gott zu schauen, als ein reines Herz, als die Reinheit unseres Wesens.

20

APRIL

Nicht in unserm Leben muss sich Gottes Hilfe und Gegenwart erst noch erweisen, sondern im Leben Jesu Christi hat sich Gottes Gegenwart und Hilfe für uns erwiesen. Es ist in der Tat wichtiger für uns zu wissen, was Gott an Israel, was er an seinem Sohn Jesus Christus tat, als zu erforschen, was Gott heute mit mir vorhat.

APRIL

# 21

Dass Jesus Christus starb, ist wichtiger, als dass ich sterbe, und dass Jesus Christus von den Toten auferweckt wurde, ist der einzige Grund meiner Hoffnung, dass auch ich auferweckt werde am jüngsten Tag. Unser Heil ist »außerhalb unser selbst«, nicht in meiner Lebensgeschichte, sondern allein in der Geschichte Jesu Christi finde ich es.

22

APRIL

Nur wer sich in Jesus Christus finden lässt, in seiner Menschwerdung, seinem Kreuz und seiner Auferstehung, der ist bei Gott und Gott bei ihm. Von hier aus wird das gesamte gottesdienstliche Lesen der Heiligen Schrift uns täglich bedeutsamer und heilsamer werden.

APRIL

# 23

Was wir unser Leben, unsere Nöte, unsere Schuld nennen, ist ja noch gar nicht die Wirklichkeit, sondern dort in der Schrift ist unser Leben, unsere Not, unsere Schuld und unsere Errettung. Weil es Gott gefallen hat, dort an uns zu handeln, darum wird uns nur dort geholfen werden. Nur aus der Heiligen Schrift lernen wir unsere eigene Geschichte kennen.

# 24

APRIL

Ohne Christus ist Unfriede zwischen Gott und den Menschen und zwischen Mensch und Mensch. Christus ist der Mittler geworden und hat Frieden gemacht mit Gott und unter den Menschen. Ohne Christus kennten wir Gott nicht, könnten wir ihn nicht anrufen, nicht zu ihm kommen. Ohne Christus aber kennten wir auch den Bruder nicht und könnten nicht zu ihm kommen.

APRIL

# 25

Der Weg ist versperrt durch das eigene Ich. Christus hat den Weg zu Gott und zum Bruder frei gemacht. Nun können Christen miteinander in Frieden leben, sie können einander lieben und dienen, sie können eins werden. Nur in Jesus Christus sind wir eins, nur durch ihn sind wir miteinander verbunden.

# 26

APRIL

## Optimismus

ist in seinem Wesen keine Ansicht über die gegenwärtige Situation, sondern er ist eine Lebenskraft, eine Kraft der Hoffnung, wo andere resignierten, eine Kraft, den Kopf hochzuhalten, wenn alles fehlzuschlagen scheint, eine Kraft, Rückschläge zu ertragen, eine Kraft, die die Zukunft niemals dem Gegner lässt, sondern sie für sich in Anspruch nimmt.

APRIL

# 27

Den Optimismus als Willen zur Zukunft soll niemand verächtlich machen, auch wenn er Hundert Mal irrt. Er ist die Gesundheit des Lebens, die der Kranke nicht anstecken soll.

# 28

APRIL

Mag sein, dass der Jüngste Tag morgen anbricht, dann wollen wir gern die Arbeit für eine bessere Zukunft aus der Hand legen, vorher aber nicht.

APRIL

# 29

Der Herr alles Lebens und aller Gnade, der lehre uns erkennen, dass unsere Hoffnung und unser Leben steht und fällt mit der Gnade Gottes. Sein ist die Tat, sein ist der Weg, sein ist die Gnade, sein ist der Geist, sein ist unser Dienst und unser Leben, sein die Ehre über alle Kreatur.

# 30

APRIL

Gott ist ein Gott des Tragens. Der Sohn Gottes trug unser Fleisch, er trug darum das Kreuz, er trug alle unsere Sünden und schuf durch sein Tragen Versöhnung.

## JESUS CHRISTUS FOLGEN

Ein Christentum ohne den lebendigen Jesus Christus bleibt notwendig ein Christentum ohne Nachfolge, und ein Christentum ohne Nachfolge ist immer ein Christentum ohne Jesus Christus; es ist Idee, Mythos.

MAI

MAI

# 1

Die Schöpfung Gottes und das Reich Gottes ist uns allein gegenwärtig in Gottes Selbstoffenbarung in Jesus Christus. Die Frage nach dem Guten als die Frage nach dem Wirklichen ist die Frage nach Jesus Christus.

MAI

# 2

*Nicht* ein Gesetz, sondern der lebendige Gott und der lebendige Mensch, wie er mir in Jesus Christus begegnet, ist Ursprung und Ziel meines Gewissens.

MAI 3

Um Gottes und der Menschen willen wurde Jesus zum Durchbrecher des Gesetzes: Er brach das Sabbatgesetz, um es in der Liebe zu Gott und Mensch zu heiligen; er verließ seine Eltern, um im Hause seines Vaters zu sein und so den Gehorsam gegen die Eltern zu reinigen; er aß mit Sündern und Verworfenen, er geriet aus Liebe zu den Menschen in die Gottverlassenheit seiner letzten Stunde.

# 4

MAI

*Herr* Jesus Christus, du warst arm und elend, gefangen und verlassen wie ich. Du kennst alle Not der Menschen, du bleibst bei mir, wenn kein Mensch mir beisteht, du vergisst mich nicht und suchst mich.

MAI

# 5

*Du* willst, dass ich dich erkenne und mich zu dir kehre Herr, ich höre deinen Ruf und folge. Hilf mir! Heiliger Geist, gib mir den Glauben, der mich vor Verzweiflung und Laster rettet.

6

MAI

Gib mir die Liebe zu Gott und den Menschen, die allen Hass und alle Bitterkeit vertilgt, gib mir die Hoffnung, die mich befreit von Furcht und Verzagtheit. Lehre mich Jesus Christus erkennen und seinen Willen tun.

MAI

# 7

Wir müssen uns immer wieder sehr lange und sehr ruhig in das Leben, Sprechen, Handeln, Leiden und Sterben Jesu versenken, um zu erkennen, was Gott verheißt und was er erfüllt.

8

MAI

*Jesus* meine

Freude. Wem dieser Klang fremd ist oder wer in ihm nichts als weichliche Schwärmerei hört, der hat das Evangelium überhaupt noch nicht gehört.

Jesus Christus den Menschen zugute ein Mensch geworden im Stall zu Bethlehem – freue dich, oh Christenheit. Jesus Christus den Sündern ein Geselle geworden unter Zöllnern und Dirnen – freue dich, oh Christenheit.

# 10

MAI

*Jesus* Christus den gerichteten zugute ein Gerichteter geworden am Kreuz zu Golgatha – freue dich, oh Christenheit.

MAI

# 11

*Jesus* Christus uns allen zugute zum Leben erstanden – freue dich, oh Christenheit. Jesus Christus – seiner Gemeinde zugute von dieser Erde heimgekehrt in sein himmlisches Reich – freue dich, oh Christenheit.

12

MAI

Jesus Christus, von Gott gekommen und zu Gott gehend – das ist nicht eine neue Welt von Problemen, von Fragen und Antworten, d. h. nicht ein neues moralisches Gesetz, d. h. nicht eine neue Last zu den Lasten, die der Mensch schon zu tragen hat.

MAI

13

Es heißt eigentlich und vor allem Gottes Freude in der Welt, Gottes Freude in der nach Freude hungernden Menschheit angezündet. Tausendfach fragen sie heute: Wo ist der Weg zur Freude? Kirche Christi, sagt es laut: Christus, meine Freude (1 Petrus 1,7-9).

14

MAI

*Himmelfahrtsfreude* – man muss innerlich sehr still geworden sein, um den leisen Klang dieses Wortes überhaupt zu hören. Freude lebt von der Stille und von der Unbegreiflichkeit.

MAI

# 15

In der Tat, begreiflich ist diese Freude nicht. Aber das Begreifliche macht nie Freude, es ist das Unbegreifliche und doch Wahre, Wirkliche, Lebendige, an dem Freude sich entzündet. Darum ist rechte Freude selbst immer etwas Unbegreifliches, sowohl für die andren als auch für den, der sie empfindet.

# 16

MAI

*Freude* ist einfach da, Himmelfahrtsfreude ist einfach da, wo in der Kirche von Christi Erhöhung über alle Welt und von seiner Wiederkunft geredet wird, wo er selbst seiner freudig wartenden Gemeinde im Sakrament begegnet.

MAI

# 17

Gottes Liebe zu uns soll allein in ihm gefunden werden. Wenn Gott die Welt, die ganze abgefallene Kreatur geliebt hat, dann hat er uns keinen Vorzug vor anderen gegeben, er hat meinen schlimmsten Feind nicht weniger geliebt als mich, Jesus Christus ist für seine und unsere Feinde gestorben.

# 18

MAI

Die geistliche Vertrauensfrage, die mit der Autoritätsfrage in so engem Zusammenhang steht, entscheidet sich an der Treue, mit der einer im Dienste Jesu Christi steht, niemals aber an den außerordentlichen Gaben, über die er verfügt.

MAI

# 19

*Gewiss* ist, dass wir immer in der Nähe und unter der Gegenwart Gottes leben dürfen und dass dieses Leben für uns ein ganz neues Leben ist; dass es für uns nichts Unmögliches mehr gibt, weil es für Gott nichts Unmögliches gibt.

20

MAI

Es ist kein neues Ideal eines zukünftigen Menschen, das Jesus uns zur Verwirklichung vor die Augen stellt. Sondern es ist der Mensch Gottes selbst, vom dem Jesus redet, wenn er den Wartenden seligpreist.

MAI

# 21

Gottes Wege führen zu Gott. Gott leitet uns durch Glück und Unglück immer nur zu Gott. Daran erkennen wir Gottes Wege.

# 22

MAI

Jesus Christus ist die Weite unseres Lebens. Jesus Christus ist die Mitte unserer Gemeinschaft. Jesus Christus ist bei uns bis an der Welt Ende. Das danken wir Ostern.

MAI

# 23

Jesus Christus, der Auferstandene, das bedeutet, dass Gott aus Liebe und Allmacht dem Tod ein Ende macht und eine neue Schöpfung ins Leben ruft, neues Leben schenkt.

# 24 MAI

In Jesus Christus glauben wir den Mensch gewordenen, gekreuzigten und auferstandenen Gott. In der Menschwerdung erkennen wir die Liebe Gottes zu seiner Kreatur, in der Kreuzigung das Gericht Gottes über alles Fleisch, in der Auferstehung den Willen Gottes zu einer neuen Welt.

MAI

# 25

Es ist nichts Selbstverständliches für den Christen, dass er unter Christen leben darf. Jesus Christus lebte mitten unter seinen Feinden. Zuletzt verließen ihn alle Jünger. Am Kreuz war er ganz allein, umgeben von Übeltätern und Spöttern.

# 26

MAI

*Christus* ist nicht in die Welt gekommen, dass wir ihn begriffen, sondern dass wir uns an ihn klammern, dass wir uns einfach von ihm hinreißen lassen in das ungeheure Geschehen der Auferstehung.

MAI

# 27

Wenn die Erde gewürdigt wurde, den Menschen Jesus Christus zu tragen, wenn ein Mensch wie Jesus gelebt hat, dann und nur dann hat es für uns Menschen einen Sinn zu leben.

# 28 MAI

Hätte Jesus nicht gelebt, dann wäre unser Leben trotz aller anderen Menschen, die wir kennen, verehren und lieben, sinnlos.

MAI

# 29

*Vergessen* bedeutet so viel wie aus dem Glauben fallen. In der täglichen Erinnerung an Jesus Christus aber wird mir zugesagt, dass Gott mich von Ewigkeit her geliebt und mich nicht vergessen hat.

30

MAI

*Christ* ist der Mensch, der sein Heil, seine Rettung, seine Gerechtigkeit nicht mehr bei sich selbst sucht, sondern bei Jesus Christus alleine.

# 31

Christus ist nicht fern von der Welt, nicht an einer weltfernen Region unseres Daseins, er ging in die tiefste Tiefe der Welt, sein Kreuz ist mitten in der Welt. Und dieses Kreuz Christi ruft nun über die Welt des Hasses den Zorn und das Gericht und verkündigt den Frieden.

JUNI

## UNTER GOTTES LIEBE LEBEN

Gott liebt den Menschen. Gott liebt die Welt. Nicht einen idealen Menschen, sondern den Menschen wie er ist, nicht eine Idealwelt, sondern die wirkliche Welt.

JUNI

# 1

Was ist unser Leben? Alles, was wir sehen, greifen, hören, schmecken, fühlen; alles, was uns umgibt, was wir besitzen, woran wir gewöhnt sind, was wir lieben.

# 2

JUNI

Was ist Gottes Güte? Jedenfalls alles, was wir nicht sehen, nicht greifen, nicht begreifen, ja fast nicht glauben können; etwas, was wir jedenfalls nicht besitzen.

JUNI

# 3

*Güte* ist etwas ganz Unwahrscheinliches, Jenseitiges, über und hinter allem Geschehen Stehendes und doch so nah und ernst uns Anregendes.

4

JUNI

*Wer* möchte wagen, da frei zu wählen? Gott selbst erkämpft sich den Sieg, und wie etwas menschlich Unmögliches hören wir es nur von den Lippen des Psalmisten: Gott, du bist mein Gott. Deine Güte ist besser denn Leben (Psalm 63,4).

JUNI

# 5

In dem, was wir erkennen, sollen wir Gott finden, nicht aber in dem, was wir nicht erkennen; nicht in den ungelösten, sondern in den gelösten Fragen will Gott von uns begriffen sein.

# 6

JUNI

Gott ist kein Lückenbüßer; nicht erst an den Grenzen unserer Möglichkeiten, sondern mitten im Leben muss Gott erkannt werden; im Leben und nicht erst im Sterben, in Gesundheit und Kraft und nicht erst im Leiden, im Handeln und nicht erst in der Sünde will Gott erkannt werden.

JUNI

# 7

Der Grund dafür liegt in der Offenbarung Gottes in Jesus Christus. Er ist die Mitte des Lebens. Von der Mitte des Lebens aus fallen gewisse Fragen überhaupt auf und ebenso die Antworten auf solche Fragen.

# 8

JUNI

Gott ist Liebe (1 Johannes 4,16). Dieser Satz ist zunächst um der Klarheit willen mit der Betonung des Wortes Gott zu lesen, während wir uns daran gewöhnt haben, das Wort Liebe zu betonen. Gott ist Liebe, das heißt nicht ein menschliches Verhalten, eine Gesinnung, eine Tat, sondern Gott selbst ist Liebe.

JUNI

9

Was Liebe ist, weiß nur, wer Gott kennt, nicht aber umgekehrt weiß man erst – und zwar von Natur –, was Liebe ist und daher dann auch, was Gott ist. Gott aber kennt niemand, es sei denn, dass Gott sich ihm offenbare (1 Johannes 4,7 f.). … Nicht in uns, sondern in Gott hat die Liebe ihren Ursprung, nicht ein Verhalten des Menschen, sondern ein Verhalten Gottes ist Liebe (1 Johannes 4,10).

10

JUNI

Geistliche Liebe aber kommt von Jesus Christus her, sie dient ihm allein, sie weiß, dass sie keinen unmittelbaren Zugang zum andern Menschen hat. Christus steht zwischen mir und dem andern.

JUNI

# 11

Was Liebe zum andern heißt, weiß ich nicht schon im Voraus aus dem allgemeinen Begriff von Liebe, der aus meinem seelischen Verlangen erwachsen ist – das alles mag vielmehr vor Christus gerade Hass oder böseste Selbstsucht sein –, was Liebe ist, wird mir allein Christus in seinem Wort sagen.

12

JUNI

Die geistliche Liebe ist allein an das Wort Jesu Christi gebunden. Wo Christus mich um der Liebe willen Gemeinschaft halten heißt, will ich sie halten, wo seine Wahrheit um der Liebe willen mir Aufhebung der Gemeinschaft befiehlt, dort hebe ich sie auf, allen Protesten meiner seelischen Liebe zum Trotz. …

JUNI

# 13

*Seelische* Liebe vermag die geistliche Liebe niemals zu begreifen; denn geistliche Liebe ist von oben, sie ist aller irdischen Liebe etwas ganz Fremdes, Neues, Unbegreifliches.

14 JUNI

Gottes Gnade, das ist die Botschaft des ganzen Christentums. Nicht unsere ausgestreckte Bettlerhand, sondern das, womit sie Gott füllt, darauf kommt's an.

JUNI

15

*Nicht* auf uns steht unsere Hoffnung, sondern auf Gott. Wo aber gäbe es einen Ort, wo sie fester stünde als auf Gott.

# 16

JUNI

*Nicht* was das Leben an sich sei, sondern wie Gott jetzt mit mir handelt, ist dem Christen wichtig. Gott verstößt mich und er nimmt mich wieder an, er zerstört mein Werk und er baut es wieder auf.

JUNI

# 17

Jesu Liebe – das ist die Liebe, die aus der Ewigkeit kommt und auf die Ewigkeit zielt. Sie hängt nicht an zeitlichen Dingen, sondern sie umfasst uns, weil wir ewig sein sollen.

# 18

JUNI

Sie lässt sich durch nichts hindern, sie ist Gottes ewige Treue zu uns. Jesu Liebe – das ist die Liebe, die keinen Schmerz, keinen Verzicht, kein Leiden scheut, wenn es dem andern hilft.

JUNI

# 19

Es ist die Liebe, mit der er uns allein um unsertwillen geliebt hat, dafür auf Erden den Spott und Hass der Menschen auf sich geladen hat und am Kreuze starb.

20

JUNI

*Jesu* Liebe – das ist die Liebe, die uns gilt, so wie wir sind. Wie eine Mutter ihr Kind liebt, so wie es ist, und es je mehr liebt. [Jeu] Er nimmt uns an, wie wir sind.

JUNI

# 21

*Liebe* gibt es nicht als abstrakte Eigenschaft Gottes, sondern als reales von Gott Geliebtsein des Menschen und der Welt.

# 22

JUNI

*Die* Liebe Gottes befreit den von der Selbstliebe getrübten und irregeführten Blick des Menschen zu der klaren Erkenntnis der Wirklichkeit des Nächsten und der Welt und macht ihn so und nur so bereit zur Wahrnehmung echter Verantwortung.

JUNI

# 23

Wenn Gott »Ich« sagt, so ist dies Gnade. Wenn Gott »Ich« sagt, dann sagt er damit schlechthin alles, das Erste und das Letzte. Wenn Gott »Ich« sagt, dann heißt das: »Schicke dich und begegne deinem Gott!« (Amos 4,12).

24

JUNI

Ich bin der Herr. Nicht ein Herr, sondern der Herr! Damit nimmt Gott alle Herrschaft für sich allein in Anspruch. Alles Recht zu gebieten und aller Gehorsam gehört ihm und ihm allein.

JUNI

# 25

*Indem* Gott sich als der Herr bezeugt, befreit er uns von aller Menschenknechtschaft. Wir dienen allein Gott und keinem Menschen. Auch wenn wir Befehle irdischer Herren ausführen, dienen wir in Wahrheit allein Gott.

# 26 JUNI

Alle irdische Herrschaft ist allein begründet in der Herrschaft Gottes, in ihr hat sie Vollmacht und Ehre, sonst ist sie Usurpation und hat keinen Anspruch auf Gehorsam … Der Gehorsam gegen Gott allein ist die Begründung unserer Freiheit.

JUNI

# 27

Der Segen Gottes über den Menschen ist seine Verheißung. Seine gewisse Zusage. Segen heißt Aussonderung des Gesegneten. Der Segen wird auf den Menschen gelegt und bleibt auf ihm, bis er in Fluch verwandelt wird.

28

JUNI

*Segen* und Fluch sind Lasten, die Gott auf den Menschen legt. Sie erben sich fort, oft unverstanden, unbegriffen. Sie sind etwas ganz Reales. Nichts Magisches, sofern damit »Zauberhaftes« gemeint ist, aber Reales.

JUNI

# 29

Wie Gottes Liebe in die Welt einging und sich dem Missverständnis und der Zweideutigkeit alles Weltlichen ergab, so existiert die christliche Liebe auch nicht anders als im Weltlichen, in der unendlichen Fülle konkreten weltlichen Handelns aller Missdeutung und Verurteilung unterworfen.

30

JUNI

Jesus steht vor Gott als der Gehorsame und als der Freie. Als der Gehorsame tut er den Willen des Vaters. Als der Freie bejaht er den Willen aus eigenster Erkenntnis, mit offenen Augen und freudigem Herzen.

## AUS DER WEISHEIT DER SCHRIFT LERNEN

Wenn in einer Kirche die Heilige Schrift vergegenwärtigt wird, so steigt der Heilige Geist von seinem ewigen Thron herab in unsere Herzen, während draußen die geschäftige Welt nichts davon sieht, nichts davon weiß, dass hier Gott selbst zu finden wäre.

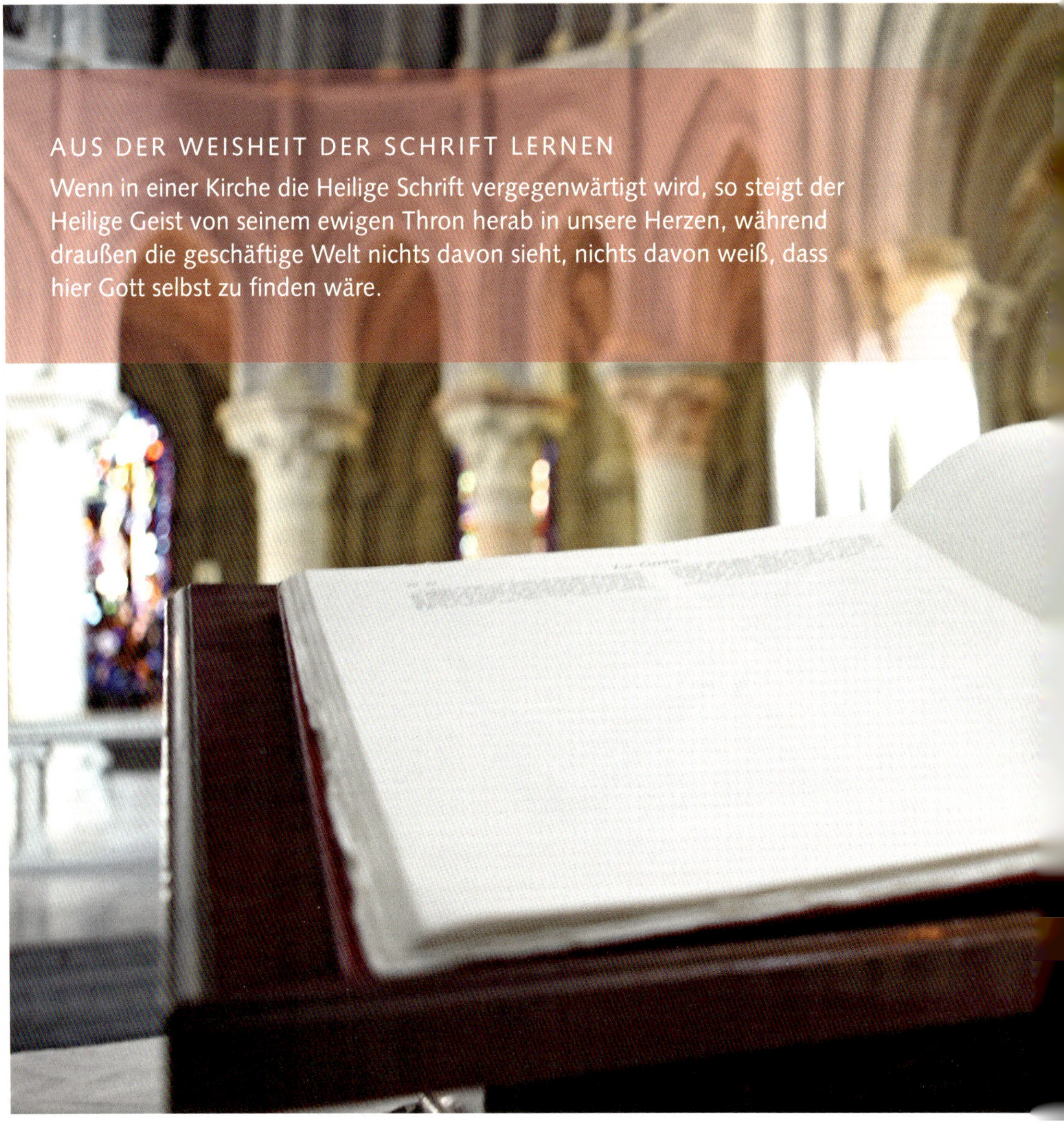

JULI

JULI

# 1

*Ich* glaube, dass die Bibel allein die Antwort auf alle unsere Fragen ist, und dass wir nur anhaltend und etwas demütig zu fragen brauchen, um die Antwort von ihr zu bekommen. Die Bibel kann man nicht einfach lesen wie andere Bücher. Man muss bereit sein, sie wirklich zu fragen.

# 2

JULI

Nur so erschließt sie sich. Nur wenn wir letzte Antwort von ihr erwarten, gibt sie sie uns. Das liegt eben daran, dass in der Bibel Gott zu uns redet. Und über Gott kann man eben nicht so einfach von sich aus nachdenken, sondern man muss ihn fragen.

JULI

3

*Natürlich* kann man die Bibel auch lesen wie jedes andere Buch, also unter dem Gesichtspunkt der Textkritik etc. Nur dass das nicht der Gebrauch ist, der das Wesen der Bibel erschließt, sondern nur ihre Oberfläche.

JULI

4

Wie wir das Wort eines Menschen, den wir lieb haben, nicht erfassen, indem wir es zuerst zergliedern, sondern wie ein solches Wort einfach von uns hingenommen wird und wie es dann Tage lang in uns nachklingt.

JULI

# 5

So sollen wir mit dem Wort der Bibel umgehen. Nur wenn wir es einmal wagen, uns so auf die Bibel einzulassen, als redete hier wirklich der Gott zu uns, der uns liebt und uns mit unseren Fragen nicht alleinlassen will, werden wir an der Bibel froh.

Die ganze Bibel will das Wort sein, in dem Gott sich von uns finden lassen will. Kein Ort, der uns angenehm oder von vornherein einsichtig wäre, sondern ein uns in jeder Weise fremder Ort, der uns ganz und gar zuwider ist. Aber eben der Ort, an dem Gott erwählt hat, uns zu begegnen.

JULI

7

So lese ich nun die Bibel. Ich frage jede Stelle: Was sagt Gott hier zu uns? Und ich bitte Gott, dass er uns zeigt, was er sagen will. Also, wir dürfen gar nicht mehr nach allgemeinen, ewigen Wahrheiten suchen, die unserm eigenen »ewigen« Wesen entsprächen und als solche evident zu machen wären.

8

JULI

*Sondern* wir suchen den Willen Gottes, der uns ganz fremd und zuwider ist, dessen Wege nicht unsere Wege und dessen Gedanken nicht unsere Gedanken sind (Jesaja 55,8), der sich uns verbirgt unter dem Zeichen des Kreuzes, an dem alle unsere Wege und Gedanken ein Ende haben.

JULI

# 9

Gott ist etwas ganz anderes als die sogenannte ewige Wahrheit. Das ist immer noch unsere selbst erdachte und gewünschte Ewigkeit. … Es bleibt also nichts als die Entscheidung, ob wir dem Wort der Bibel trauen wollen oder nicht, ob wir uns von ihm halten lassen wollen, wie von keinem andern Wort im Leben und im Sterben.

# 10

JULI

Ich glaube, wir werden erst dann recht froh und ruhig werden können, wenn wir diese Entscheidung getroffen haben.

JULI

# 11

Dass die babylonische Sprachenverwirrung überwunden sein soll durch die Sprache Gottes, die jeder Mensch versteht und durch die allein die Menschen sich auch untereinander wieder verstehen können, und dass die Kirche der Ort sein soll, an dem das geschieht, das sind doch alles sehr große und wichtige Gedanken.

12

JULI

Die Liebe, um die es im Evangelium im Unterschied zu aller Philosophie geht, ist nicht eine Methode des Umgangs mit Menschen, sondern ein Hineingezogen-werden und Hineinziehen in ein Ereignis, nämlich in die in Jesus Christus vollzogene Gemeinschaft Gottes mit der Welt.

JULI

13

Das ist das wunderbare und viele Menschen so abschreckende Thema der Bibel, dass das einzig sichtbare Zeichen Gottes in der Welt das Kreuz ist.

# 14

JULI

Es ist oft besser, wenig und langsam in der Bibel zu lesen und zu warten, bis es in uns eingedrungen ist, als von Gottes Wort zwar viel zu wissen, aber es nicht in sich zu »bergen«.

JULI

# 15

Das Wort der Bibel, dass die Furcht Gottes der Anfang der Weisheit sei, sagt, dass die innere Befreiung des Menschen zum verantwortlichen Leben vor Gott die einzige wirkliche Überwindung der Dummheit ist.

16

JULI

Es gibt menschliche Grundwahrheiten, zu denen das Leben früher oder später immer wieder zurückkehrt. Darum dürfen wir keine Eile haben, wir müssen warten können. »Gott sucht wieder auf, was vergangen ist«, heißt es in der Bibel.

JULI

# 17

Gott gab uns sein Wort, aus dem wir seinen Willen erkennen sollen. Die Bibel will gelesen und bedacht sein, täglich neu.

# 18

JULI

*Fragen* wir, wie wir ein Leben mit Gott anfangen könnten, so antwortet die Bibel, dass Gott schon längst das Leben mit uns angefangen hat.

JULI

# 19

Von dem Zeitpunkt unseres Lebens an, in dem wir der Sprache mächtig werden, lehrt man uns, dass unsere Worte wahr sein müssen. Was heißt das? Was heißt »die Wahrheit sagen«? … »Die Wahrheit sagen« ist nicht nur eine Sache der Gesinnung, sondern auch der richtigen Erkenntnis und des ernsthaften Bedenkens der wirklichen Verhältnisse.

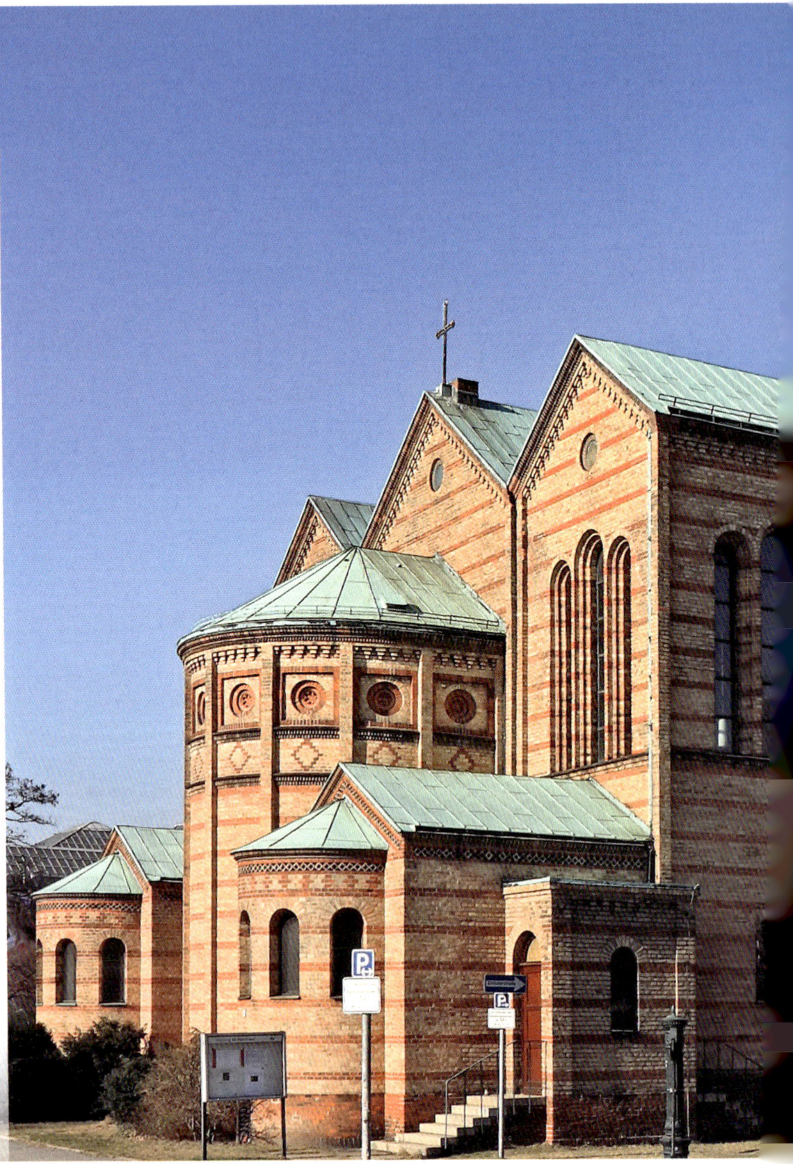

Das Wirkliche soll in Worten ausgesprochen werden. Darin besteht die wahrheitsgemäße Rede. Damit ist aber unvermeidlich die Frage nach dem »Wie« der Worte gestellt. Es geht um das jeweils »rechte Wort«. Dieses zu finden ist eine Sache langer, ernster und immer fortschreitender Bemühung auf Grund von Erfahrung und Erkenntnis des Wirklichen.

JULI

# 21

*Weil* Gottes Wort in der Geschichte, und das heißt in der Vergangenheit, zu uns gesprochen hat, darum ist die Erinnerung, die Wiederholung des Gelernten, täglich nötige Übung.

# 22

JULI

Es gibt Christen, die geistlicher sein wollen als Gott selbst. Sie reden gern von Kampf, Entsagung, Leiden und Kreuz, aber es ist ihnen fast peinlich, dass die Heilige Schrift eben nicht nur davon, sondern gar nicht oft genug von dem Glück der Frommen, von dem Wohlergehen der Gerechten sprechen kann. Sie sagen dann wohl, dass sei alttestamentlich und überholt.

JULI

23

Der wahre Grund ihrer Verlegenheit aber liegt darin, dass ihr Herz zu eng ist, um die ganze Freundlichkeit Gottes zu fassen, zu eng, um Gott auch in der Fülle der irdischen Gaben zu ehren, die er denen zuteilwerden lässt, die in seinem Gesetz leben. Sie wollen Schulmeister der Heiligen Schrift sein und bringen sich damit um die volle Freude ihres Christenstandes.

24

JULI

Es gibt kein Stillstehen. Jede Gabe, jede Erkenntnis, die ich empfange, treibt mich nur tiefer in das Wort Gottes hinein. Für Gottes Wort brauche ich Zeit, um die Befehle Gottes recht zu verstehen, muss ich oft lange über dem Worte nachsinnen.

JULI

# 25

*Nichts* wäre verkehrter als jene Aktivität oder jene Gefühlsseligkeit, die dem Nachdenken und Nachsinnen den Wert abspricht. Es ist auch nicht nur Sache der hierzu besonders Berufenen, sondern Sache eines jeden, der in Gottes Wegen gehen will.

26

JULI

Zwar fordert Gott oft rasche, unverzügliche Tat; aber er fordert auch Stille und Besinnung. So darf und muss ich oft Stunden und Tage lang über ein und demselben Wort bleiben, bis ich mit der rechten Erkenntnis erleuchtet werde.

JULI

27

Keiner ist so weit fortgeschritten, dass er dessen nicht mehr bedürfte. Keiner darf sich wegen zu starker tätiger Beanspruchung davon dispensiert glauben. Gottes Wort beansprucht meine Zeit.

# 28

JULI

Gott selbst ging ein in die Zeit und will nun auch, dass ich ihm meine Zeit gebe. Christsein ist nicht die Sache eines Augenblickes, sondern es will Zeit. Gott gab uns die Schrift, aus der wir seinen Willen erkennen sollen.

JULI

29

Die Schrift will gelesen und bedacht sein, täglich neu. Gottes Wort ist nicht eine Summe einiger allgemeiner Sätze, die ich jeder Zeit gegenwärtig haben könnte, sondern sie ist das täglich neue Wort Gottes an mich in dem unendlichen Reichtum der Auslegung.

30

JULI

Der Unterschied zwischen Altem Testament und Neuen Testament liegt wohl in dieser Hinsicht nur darin, dass im Alten Testament der Segen auch das Kreuz, im Neuen Testament das Kreuz auch den Segen in sich schließt.

JULI

# 31

Die Bibel will uns nie Angst machen. Gott will nicht, dass der Mensch sich fürchtet. Auch nicht vor dem Letzten Gericht. Sondern er lässt den Menschen das alles wissen, damit er erkenne, was es um das Leben und um seinen Sinn ist.

AUGUST

# ERFÜLLUNG FINDEN

Es gibt erfülltes Leben trotz vieler unerfüllter Wünsche.

AUGUST

# 1

Leben ist Wohltat Gottes. Leben ist nicht Mittel zum Zweck, sondern es ist in sich selbst Erfüllung. Gott schuf uns, damit wir leben, er versöhnte und erlöste uns, damit wir leben. … Wo das Leben selbst zur Idee gemacht wird, dort wird das wirkliche geschaffene und erlöste Leben tiefer zerstört als durch irgendeine andere Idee.

2

AUGUST

Das Leben ist Gottes Ziel mit uns. Wird es Mittel zum Zweck, dann tritt in das Leben ein Widerspruch, der es zur Qual werden lässt. Dann wird das Ziel, das Gute, jenseits des Lebens gesucht, das nur mit der Lebensverneinung erkauft werden kann. …

AUGUST

# 3

Ich bitte Gott um die Wohltat des Lebens (Psalm 119, 17). Nur das Leben, das er gibt, ist Wohltat. Alles andere Leben ist Qual. Nur das Leben ist Gott, ist Ziel und Erfüllung, ist Überwindung des Widerspruchs zwischen Sein und Sollen.

AUGUST

4

Leben ist Zeit der Gnade, Tod ist Gericht. Darum ist Leben göttliche Wohltat, weil mir Zeit gegeben ist für die Gnade Gottes. Solche Zeit ist so lange vorhanden, als das Wort Gottes bei mir ist. Dieses Wort festzuhalten ist bejahtes Leben aus Gott.

AUGUST

5

Gottes Wort ist nicht jenseits des Lebens, es erniedrigt das Leben nicht zum Mittel zum Zweck, sondern es schützt das Leben vor dem Verfall an den Widerspruch, an die Herrschaft der Ideen, Gottes Wort ist Erfüllung des Lebens, über die hinaus es kein Ziel gibt. Darum bitte ich Gott um die Wohltat des Lebens.

AUGUST

# 6

*Wünsche*, an die wir uns zu sehr klammern, rauben uns leicht etwas von dem, was wir sein sollen und können. Wünsche, die wir um der gegenwärtigen Aufgabe willen immer wieder überwinden, machen uns – umgekehrt – reicher.

AUGUST

# 7

Ich glaube, wir sollen Gott in unserem Leben und in dem, was er uns an Gutem gibt, so lieben und solches Vertrauen zu ihm fassen, dass wir, wenn die Zeit kommt und da ist – aber wirklich erst dann! –, auch mit Liebe, Vertrauen und Freude zu ihm gehen.

8

AUGUST

*Herr*, unser Glaube und unsere Hoffnung ist so schwach. Wir wagen es nicht, unser Leben ganz auf deine Verheißung zu setzen. Wir zweifeln an deiner Macht. Herr vergib dem Zweifler und dem Hoffnungslosen und gib uns heute noch deine Verheißung neu.

AUGUST

# 9

*Wenn* schon die Illusion im Leben der Menschen eine so große Macht hat, dass sie das Leben in Gang hält, wie groß ist dann erst die Macht, die eine absolut begründete Hoffnung für das Leben hat, und wie unbesiegbar ist so ein Leben.

# 10

AUGUST

*Mit* dem Sterben fertigwerden bedeutet noch nicht, mit dem Tod fertigwerden. Die Überwindung des Sterbens ist im Bereich menschlicher Möglichkeiten, die Überwindung des Todes heißt Auferstehung.

AUGUST

# 11

Wo einer meint,
den Weg mit Gott
nicht mehr länger
gehen zu können,
weil er zu schwer ist,
da wird uns Gottes
Nähe, Gottes Treue,
Gottes Stärke zum
Trost und zur Hilfe,
da erst erkennen wir
Gott und den Sinn
unseres christlichen
Lebens recht.

12

AUGUST

Das Vertrauen wird eines der größten, seltensten und beglückendsten Geschenke menschlichen Zusammenlebens bleiben, und es wird doch immer nur auf dem dunklen Hintergrund eines notwendigen Misstrauens entstehen.

AUGUST

# 13

*Selbsterkenntnis* ist die nie zum Ende gelangende Bemühung des Menschen, die Entzweiung mit sich selbst denkend zu überwinden, durch unaufhörliches Sichunterscheiden von sich selbst zur Einheit mit sich selbst zu kommen.

14 AUGUST

Gott wird besser geehrt, wenn wir das Leben, das er uns gegeben hat, in allen seinen Werten kennen und ausschöpfen und lieben und darum auch den Schmerz über beeinträchtigte oder verlorene Lebenswerte stark und aufrichtig empfinden.

AUGUST

# 15

Gott wird unsere Wege und Pläne immer wieder, ja täglich durchkreuzen, indem er uns Menschen mit ihren Ansprüchen und Bitten über den Weg schickt.

16

AUGUST

Auch mit meinen frömmsten Entscheidungen und Wegen kann ich zuschanden werden, niemals aber mit Gottes Gebot. Nicht meine Frömmigkeit, sondern Gott allein bewahrt mich vor Beschämung und Schande.

AUGUST

# 17

Die eigenen Wege führen im Kreise immer zu uns selbst zurück. Aber wenn Gott unsere Wege leitet, dann führen sie zu ihm. Gott leitet uns durch Glück und Unglück – immer nur zu Gott. Daran erkennen wir Gottes Wege.

# 18

AUGUST

Es ist Gottes Wille, dass es denen, die in seinen Geboten wandeln, wohlgehe (Psalm 119,1). Es ist kein Zeichen eines starken und reifen Glaubens, wenn uns dieser Satz Verlegenheit bereitet, wenn wir sagen, Gott hat größere Dinge mit uns vor, als für unser Wohlergehen zu sorgen.

AUGUST

# 19

Die Verheißung Jesu schenkt den Seinen Kraft des Glaubens. Das ist die dritte Gabe. Es geschieht nichts, als was der Herr vorhergesagt hat. Es geht alles nach seinem Wort.

20

AUGUST

Der Kluge erkennt in der Fülle des Konkreten und der in ihm enthaltenen Möglichkeiten zugleich die unübersteiglichen Grenzen, die allem Handeln durch die bleibenden Gesetze menschlichen Zusammenlebens gegeben sind.

AUGUST

# 21

Die Stunde unseres Scheiterns ist die Stunde der unerhörten Nähe Gottes und gerade nicht der Ferne.

22

AUGUST

*Optimismus* ist eine Kraft, Rückschläge zu ertragen, eine Kraft, die die Zukunft niemals dem Gegner lässt, sondern sie für sich in Anspruch nimmt.

AUGUST

# 23

## Optimismus

ist seinem Wesen keine Ansicht über die gegenwärtige Situation, sondern er ist eine Lebenskraft, eine Kraft der Hoffnung, wo andere resignierten.

# 24

AUGUST

Dem Dankbaren wird alles zum Geschenk, weil er weiß, dass es für ihn überhaupt kein verdientes Gut gibt. In der Dankbarkeit gewinne ich das rechte Verhältnis zu meiner Vergangenheit, in ihr wird das Vergangene fruchtbar für die Gegenwart. Ohne die Dankbarkeit versinkt meine Vergangenheit ins Dunkle, Rätselhafte, ins Nichts.

AUGUST

# 25

Der Gedanke, dass es ein Ewiges, Unendliches gibt, macht der Seele in ihrer Vergänglichkeit Angst. Sie will hinaus über sich selbst, hin zum Unvergänglichen; sie will selbst unvergänglich sein und weiß doch nicht, wie sie's anfangen soll. …

26

AUGUST

Aus dieser Unruhe der Seele wuchsen die gewaltigen Werke der Philosophie und der Kunst: die Systeme eines Plato und Hegel, der Adam eines Michelangelo, die Quartette, Symphonien Beethovens, die Dome der Gotik, die Bilder Rembrandts oder der Faust und der Prometheus Goethes hervor.

AUGUST

# 27

Alle wurden sie überwältigt von dem Gedanken eines Ewig-Unvergänglichen. … Zugleich der grandioseste und zarteste aller Versuche der Menschen, zum Ewigen zu gelangen aus der Angst und Unruhe ihres Herzens – ist die Religion …

# 28

AUGUST

Der Mensch hat den Weg zum Licht, zur Freude, zur Ewigkeit gefunden. Stolz kann das Menschengeschlecht auf die Blüte seines Geistes weisen – wenn nicht eines wäre, nämlich: dass Gott Gott ist und dass Gnade Gnade ist (Römer 11,6).

AUGUST

# 29

Die in den Seligpreisungen (Matthäus 5,1-12) in die Gnade der Nachfolge des Gekreuzigten Berufenen sind angeredet. Während die Seliggepriesenen bisher wohl als des Himmelreiches würdig, aber doch offenbar zugleich als für diese Erde ganz und gar Lebensunwerte, Überflüssige erscheinen mussten, werden sie jetzt mit dem Sinnbild des auf Erden unentbehrlichen Gutes bezeichnet.

30

AUGUST

Sie sind das Salz der Erde. Sie sind das edelste Gut, der höchste Wert, den die Erde besitzt. Ohne sie kann die Erde nicht länger leben. Durch das Salz wird die Erde erhalten, um eben dieser Armen, Unedlen, Schwachen willen, die die Welt verwirft, lebt die Erde.

AUGUST

# 31

Wenn Jesus nicht sich selbst, sondern seine Jünger das Salz nennt, so überträgt er ihnen die Wirksamkeit auf der Erde. Er zieht sie in seine Arbeit hinein.

## GOTTES FRIEDEN SCHENKEN LASSEN

Friede heißt sich gänzlich ausliefern dem Gebot Gottes, keine Sicherung wollen, sondern in Glaube und Gehorsam dem allmächtigen Gott die Geschichte der Völker in die Hand legen und nicht selbstsüchtig über sie verfügen wollen.

# SEPTEMBER

SEPTEMBER

# 1

Der Friede Gottes ist ein Friede, der höher ist als alle Vernunft. Der Friede Gottes ist die Treue Gottes unserer Untreue zum Trotz, im Frieden Gottes sind wir geborgen, behütet und geliebt.

# 2

SEPTEMBER

Gott nimmt uns unsere Sorge, unsere Verantwortung, unsere Unruhe nicht völlig ab, aber hinter all dem Treiben und Sorgen ist der göttliche Friedensbogen aufgegangen, wir wissen unser Leben getragen und in Einheit mit dem ewigen Leben Gottes.

SEPTEMBER

# 3

Gott hat uns in sein Leben hineingezogen, so wie wir sind, als Menschen der Erde, als Menschen mit Herzen und Sinnen, das heißt in der Sprache der Bibel: mit Leidenschaften und Nöten, mit den Eindrücken der Welt befangen.

# 4

SEPTEMBER

Der Friede Gottes, welcher höher als alle Vernunft, bewahre unsere Herzen und Sinne in Christus Jesus (Philipper 4,7).
Er bändige unsere Leidenschaft, er nehme in Zucht unsere Gedanken und unseren Willen und führe uns zu dem Frieden Jesu Christi.

SEPTEMBER

# 5

Selig sind die Friedfertigen, denn sie werden Gottes Kinder heißen« (Matthäus 5,9). Jesu Nachfolger sind zum Frieden berufen. Als Jesus sie rief, fanden sie ihren Frieden. Jesus ist ihr Friede. Nun sollen sie den Frieden nicht nur haben, sondern auch schaffen. Damit tun sie Verzicht auf Gewalt und Aufruhr. In der Sache Christi ist damit niemals etwas geholfen.

# 6

SEPTEMBER

Das Reich Christi ist ein Reich des Friedens, und die Gemeinde Christi grüßt sich mit dem Friedensgruß. Die Jünger Jesu halten Frieden, indem sie lieber selbst leiden, als dass sie einem anderen leidtun, sie bewahren Gemeinschaft, wo der andere sie bricht, sie verzichten auf Selbstbehauptung und halten dem Hass und Unrecht stille. So überwinden sie Böses mit Gutem (Römer 12,21).

SEPTEMBER

# 7

So sind sie Stifter göttlichen Friedens mitten in einer Welt des Hasses und Krieges. Nirgends aber wird ihr Frieden größer sein als dort, wo sie den Bösen im Frieden begegnen und von ihnen zu leiden bereit sind.

# 8 SEPTEMBER

Die Friedfertigen werden mit ihrem Herrn das Kreuz tragen; denn am Kreuz wurde der Friede gemacht (Epheser 2,14-16). Weil sie so in das Friedenswerk Christi hereingezogen sind, berufen zum Werk des Sohnes Gottes, darum werden sie selbst Söhne Gottes genannt werden.

SEPTEMBER

# 9

Wir Christen sind nach dem Gebot der Liebe (Matthäus 22,37-39) zunächst daraufhin angeredet, dass wir selber Frieden mit jedermann haben, wie auch Christus, wenn er der Gemeinde den Frieden predigte, den Frieden am Bruder, am Nächsten, am Samariter exemplifizierte. Ohne dass wir diesen Frieden haben, können wir nicht den Völkern Frieden predigen.

# 10 SEPTEMBER

Frieden haben heißt sich getragen wissen, sich geliebt wissen, sich behütet wissen, heißt still, ganz still werden können, mit einem Menschen Frieden haben heißt auf seine Treue unerschütterlich bauen können, heißt sich mit ihm eins wissen, sich von ihm vergeben wissen.

SEPTEMBER

# 11

*Frieden* haben heißt eine Heimat haben in der Unruhe der Welt, heißt festen Boden unter den Füßen haben, da mag nun die Welle branden und toben, sie können mir meinen Frieden nicht mehr rauben.

12

SEPTEMBER

Mein Friede hat mich frei gemacht von der Welt, stark gemacht gegen die Welt, reif gemacht für die andere Welt. Dass wir aber solchen Frieden mit Gott haben sollen, das ist eine Sache, die über alles menschliche Begreifen, über alle Vernunft geht.

SEPTEMBER

# 13

Gottes Friede ist,
wie wenn eine Mutter
ihrem weinenden
Kind mit ihrer Hand
über die Stirn streicht
und es tröstet.

SEPTEMBER

14

Friede soll sein, weil Christus in der Welt ist, das heißt Friede soll sein, weil es eine Kirche Christi gibt, um deretwillen allein die ganze Welt noch lebt.

SEPTEMBER

# 15

Gottes Friede heißt Geborgenheit für die, die unbehütet und unbewacht wanderten; Heimat für die Heimatlosen.

# 16

SEPTEMBER

Es gibt keinen Weg zum Frieden auf dem Weg der Sicherheit. Denn Friede muss gewagt werden, ist das eine große Wagnis und lässt sich nie und nimmer sichern. Friede ist das Gegenteil von Sicherung.

SEPTEMBER

# 17

Ob wir den Frieden Gottes wirklich gefunden haben, wird sich daran erproben, wie wir zu den Trübsalen, die über uns kommen, stehen.

# 18

SEPTEMBER

Ein Glaube, der nicht hofft, ist krank. Er ist wie ein hungriges Kind, das nicht essen, oder wie ein müder Mensch, der nicht schlafen will. So gewiss der Mensch glaubt, so gewiss hofft er.

SEPTEMBER

# 19

Und es ist keine Schande zu hoffen, grenzenlos zu hoffen. Wer wollte auch von Gott reden, ohne zu hoffen? Wer wollte auch von Gott reden, ohne zu hoffen, ihn einmal zu schauen? Wer wollte von Frieden und von der Liebe unter den Menschen reden, ohne sie einmal in Ewigkeit erleben zu wollen?

# 20 SEPTEMBER

Je mehr ein Mensch zu hoffen wagt, desto größer wird er mit seiner Hoffnung: Der Mensch wächst mit seiner Hoffnung – wenn es nur die Hoffnung auf Gott und seine alleinige Kraft ist. Die Hoffnung bleibt.

SEPTEMBER

# 21

*Lasst* euch versöhnen mit Gott – gebt ihm sein Recht über euch und ihr findet mit Gott auch den Bruder, den Nächsten wieder, lasst euch versöhnen mit Gott, so seid ihr versöhnt mit eurem Bruder.

22

SEPTEMBER

Lasst euch von Christus fragen, ob ihr versöhnt seid mit Gott, oder mit ihm zerfallen in Unfrieden und dann blickt auf ihn und kehrt zu Gott zurück.

SEPTEMBER

# 23

*Gottes* Wege sind die Wege, die er selbst gegangen ist und die wir nun mit ihm gehen sollen. Keinen Weg lässt uns Gott gehen, den er nicht selbst gegangen wäre und auf dem er uns nicht voranginge.

# 24

SEPTEMBER

Es ist der von Gott gebahnte und von Gott geschützte Weg, auf den er uns ruft. So ist es wirklich sein Weg.

SEPTEMBER

# 25

*Mit* Gott tritt man nicht auf der Stelle, sondern man beschreitet einen Weg. Es geht voran oder man ist nicht mit Gott. Gott kennt den ganzen Weg, wir wissen nur den nächsten Schritt und das letzte Ziel.

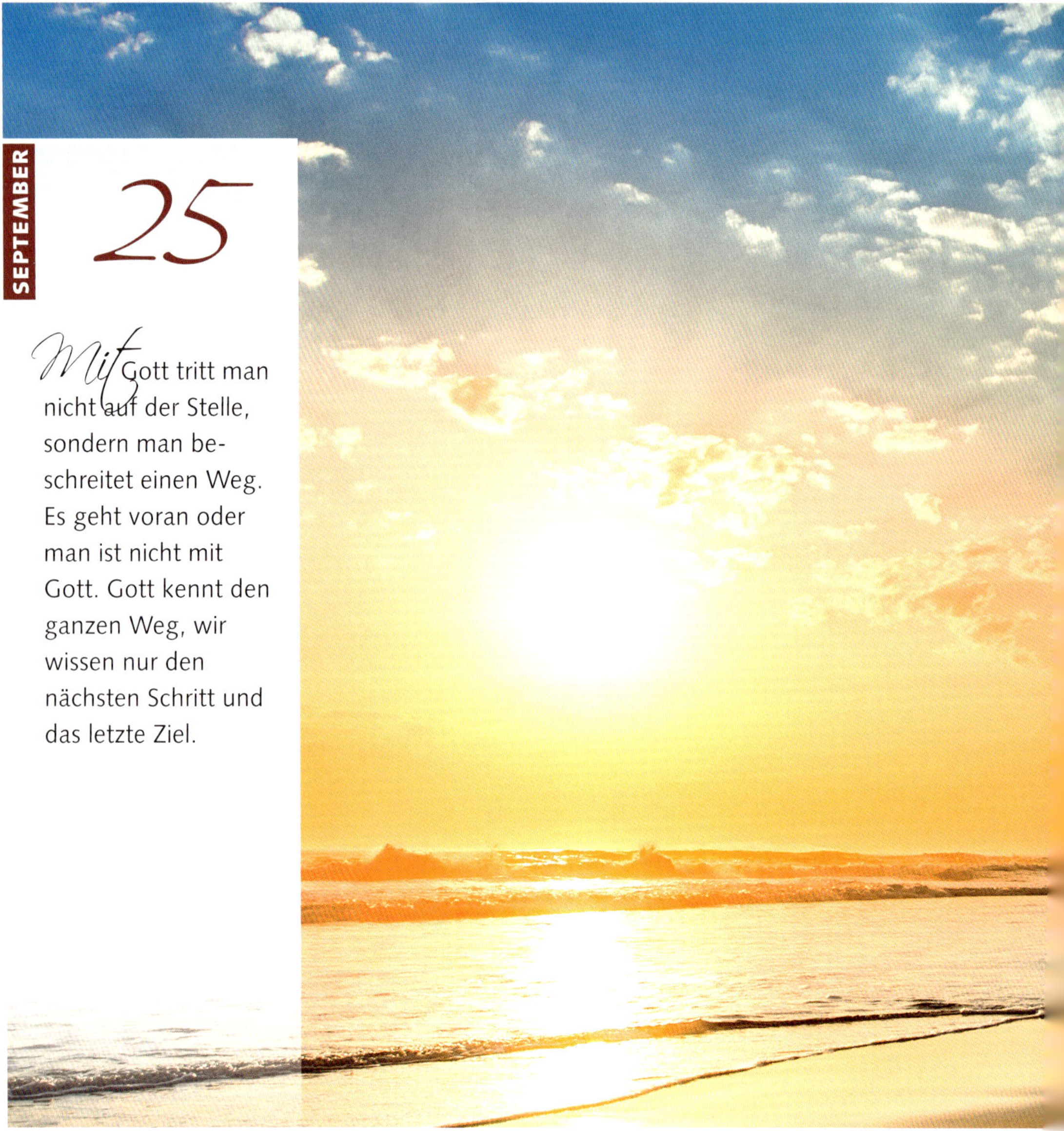

26

SEPTEMBER

Es gibt kein Stehenbleiben, jeden Tag, jede Stunde geht es weiter. … Als Weg kann er auch nicht verborgen bleiben vor den Augen anderer Menschen. Es wird offenbar, ob auf diesem Wege Gutes oder Übles geschieht.

SEPTEMBER

# 27

Und Gott sah, dass das Licht gut war« (1 Mose 1,4a). Dass Gott sein Werk ansieht und sein Wohlgefallen an ihm hat, weil es gut ist, das heißt, dass Gott sein Werk liebt und darum erhalten will.

# 28

SEPTEMBER

Schaffen und Erhalten, das sind zwei Seiten des einen Tuns Gottes; es kann ja nicht anders sein, als dass das Werk Gottes gut ist, und dass er das Werk nicht verwirft, vernichtet, sondern liebt und erhält.

SEPTEMBER

# 29

Im Blicke Gottes kommt sein Werk zur Ruhe, vernimmt es sein Wohlgefallen. Der Blick Gottes bewahrt die Welt vor dem Zurückstürzen ins Nichts, vor der gänzlichen Vernichtung.

# 30

SEPTEMBER

Der Blick Gottes sieht die Welt als gute, als geschaffene – auch wo sie gefallene Welt ist –, und um des Blickes Gottes willen, mit dem er sein Werk umfängt und nicht lässt, leben wir.

# OKTOBER

## IN VERANTWORTUNG LEBEN

Vom Segen Gottes und der Gerechten lebt die Welt und hat sie eine Zukunft. … Nur aus dem Unmöglichen kann die Welt erneuert werden, und das Unmögliche ist der Segen Gottes.

OKTOBER

# 1

Du lebst in der Welt. Gott hat dich in sie hineingesetzt, in ihr, mitten in der Vergänglichkeit sollst du den Willen Gottes tun. Freu dich an dem, woran du dich freuen kannst, aber häng dein Herz nicht an die Welt, dein Herz gehört der Ewigkeit, gehört Gott.

# 2

OKTOBER

Der Christ hat sein Betätigungsfeld in der Welt. Hier soll er anfassen, mitschaffen und wirken, hier den Willen Gottes tun.

OKTOBER

# 3

Darum ist der Christ nicht resignierter Pessimist, sondern einer, der freilich von der Welt wenig erhofft und darum also schon in der Welt freudig und heiter ist, denn sie wird ihm zum Saatfeld der Ewigkeit.

OKTOBER

# 4

Stellvertretung und also Verantwortlichkeit gibt es nur in der vollkommenen Hingabe des eigenen Lebens an den anderen Menschen.

OKTOBER

# 5

*Nur* der Selbstlose
lebt verantwortlich
und das heißt nur
der Selbstlose lebt.
Wo das göttliche Ja
und Nein im Men-
schen eins werden,
dort wird verantwort-
lich gelebt.

# 6 OKTOBER

*Natürliches* Leben ist gestaltetes Leben. Das Natürliche ist dem Leben selbst innewohnende und dienende Gestalt. Löst sich das Leben aber von dieser Gestalt, will es sich frei von ihr bejahen, will es sich durch die Gestalt des Natürlichen nicht dienen lassen, dann zerstört es sich selbst bis in die Wurzeln.

OKTOBER

# 7

Gott will das Leben und er gibt dem Leben eine Gestalt, in der es leben kann, weil es sich selbst überlassen sich nur vernichten kann. Diese Gestalt stellt das Leben aber zugleich in den Dienst anderen Lebens und der Welt.

8

OKTOBER

Die Frage nach Ort und Grenze der Verantwortung hat uns auf den Begriff des Berufes geführt. Diese Antwort besteht nur dort zu Recht, wo der Beruf gleichzeitig in allen seinen Dimensionen verstanden wird. …

OKTOBER

# 9

Bin ich zum Beispiel Mediziner, so diene ich nicht nur im konkreten Fall meinem Patienten, sondern zugleich der naturwissenschaftlichen Erkenntnis und damit der Wissenschaft und der Wahrheitserkenntnis überhaupt. Obgleich ich praktisch diesen Dienst an meiner konkreten Stelle, also zum Beispiel am Krankenbett des Patienten, versehe, so behalte ich doch die Verantwortung für das Ganze im Auge.

# 10

OKTOBER

Was wir tun, ist vor der Ewigkeit Gottes geschehen, darum bleibt es auch aufbewahrt und aufgehoben in Ewigkeit. Ob wir vergessen oder nicht, das ist ganz gleichgültig, Gott vergisst nicht.

OKTOBER

# 11

In der Begegnung mit Jesus Christus erfährt der Mensch den Ruf Gottes und in ihm die Berufung zum Leben in der Gemeinschaft Jesu Christi. … Als Heide oder Jude, als Sklave oder Freier, als Mann oder Frau (Galater 3,28), als verheiratet oder Ehelosen trifft den Menschen der Ruf.

# 12 OKTOBER

Dort wo er gerade ist, soll er den Ruf hören und sich von ihm in Anspruch nehmen lassen. Nicht in der treuen Leistung seiner irdischen Berufspflichten erfüllt der Mensch die ihm auferlegte Verantwortung, sondern im Vernehmen des Rufes Jesu Christi, der ihn zwar auch in die irdischen Pflichten hineinführt, aber niemals in ihnen aufgeht, sondern immer über sie hinaus, vor ihnen und hinter ihnen steht.

OKTOBER

# 13

Die Rückkehr Luthers aus dem Kloster in die Welt, in den »Beruf«, ist – echt neutestamentlich – der heftigste Angriff und Stoß, der seit dem Urchristentum gegen die Welt geführt worden ist.

# 14

OKTOBER

Nun wird in der Welt gegen die Welt Stellung bezogen, der Beruf ist der Ort, an dem dem Ruf Christi geantwortet und so verantwortlich gelebt wird. So ist zwar die mir im Beruf gesetzte Aufgabe eine begrenzte, zugleich aber stößt die Verantwortung vor dem Ruf Jesu Christi durch alle Grenzen hindurch.

OKTOBER

# 15

Klug ist, wer die Wirklichkeit sieht, wie sie ist, wer auf den Grund der Dinge sieht. Klug ist darum allein, wer die Wirklichkeit in Gott sieht. Erkenntnis der Wirklichkeit ist nicht dasselbe wie Kenntnis der äußeren Vorgänge, sondern das Erschauen des Wesens der Dinge. Nicht der Bestinformierte ist der Klügste.

# 16

OKTOBER

Die Bergpredigt stellt den zum geschichtlichen Handeln Geforderten vor das Ereignis der Versöhnung der Welt mit Gott in Jesus Christus und damit in die echte christliche Verantwortung. Diese echte christliche Verantwortung umfasst das Ganze des weltlichen Handelns. Sie lässt sich keineswegs auf irgendeinen isolierten religiösen Bereich beschränken.

OKTOBER

# 17

Das christlich ethische Handeln ist ein Handeln aus Freiheit, aus der Freiheit eines Menschen, der nichts an sich selbst und alles an seinem Gott hat, der immer neu sein Handeln durch die Ewigkeit bestätigen und bekräftigen lässt.

# 18

OKTOBER

Wer die Freiheit aufgibt, gibt sein Christsein auf. Der Christ steht frei ohne irgendwelche Rückendeckung vor Gott und vor der Welt, auf ihm allein ruht die ganze Verantwortung dafür, wie er mit dem Geschenk der Freiheit umgeht. Durch diese Freiheit aber wird der Christ im ethischen Handeln schöpferisch.

OKTOBER

# 19

Die Bergpredigt selbst stellt den Menschen in Verantwortung für andere und kennt keinen Einzelnen als Einzelnen. Sie begnügt sich aber auch nicht damit, den Einzelnen für seine Aufgabe in der Gemeinschaft vorzubereiten, sondern sie beansprucht den Einzelnen in seinem verantwortlichen Handeln selbst.

20

OKTOBER

Die Bergpredigt ruft ihn zu der Liebe, die sich im verantwortlichen Handeln am Nächsten bewährt und deren Ursprung die Liebe Gottes ist, die die ganze Wirklichkeit in sich schließt.

OKTOBER

# 21

Ebenso wenig wie es eine Begrenzung der Liebe Gottes zur Welt gibt, gibt es eine Begrenzung der aus Gottes Liebe entspringenden menschlichen Liebe auf bestimmte Lebensbereiche und -beziehungen. Die Bergpredigt gilt als Wort der weltversöhnenden Liebe Gottes entweder überall und jederzeit, oder sie geht uns ernstlich überhaupt nichts an. …

# 22

OKTOBER

*Denken* und Handeln im Blick auf die kommende Generation, dabei ohne Furcht und Sorge jeden Tag bereit sein zu gehen – das ist die Haltung, die uns praktisch aufgezwungen ist und die tapfer durchzuhalten nicht leicht, aber notwendig ist.

OKTOBER

# 23

Nicht das Beliebige, sondern das Rechte tun und wagen, nicht im Möglichen schweben, das Wirkliche tapfer ergreifen, nicht in der Flucht der Gedanken, allein in der Tat ist die Freiheit.

24

OKTOBER

*Nicht* die Welt aus den Angeln zu heben, sondern am gegebenen Ort das sachlich – im Blick auf die Wirklichkeit – Notwendige zu tun und dieses wirklich zu tun, kann die Aufgabe sein.

OKTOBER

# 25

Der Mensch wird aufgerufen, das Leiden Gottes an der gottlosen Welt mitzuleiden. Er muss also wirklich in der gottlosen Welt leben und darf nicht den Versuch machen, ihre Gottlosigkeit irgendwie religiös zu verdecken, zu verklären; er muss »weltlich« leben und nimmt eben darin an den Leiden Gottes teil.

# 26

OKTOBER

Ich glaube, dass Gott uns in jeder Notlage so viel Widerstandskraft geben will, wie wir brauchen. Aber er gibt sie nicht im Voraus, damit wir uns nicht auf uns selbst, sondern auf ihn verlassen.

OKTOBER

# 27

*Freie* Verantwortung beruht auf einem Gott, der das freie Glaubenswagnis verantwortlicher Tat fordert und der dem, der darüber zum Sünder wird, Vergebung und Trost zuspricht.

# 28

OKTOBER

Der Mensch der Verantwortung, der zwischen Bindung und Freiheit steht, der als Gebundener in Freiheit zu handeln wagen muss, findet seine Rechtfertigung weder in seiner Bindung noch in seiner Freiheit, sondern allein in dem, der ihn in diese – menschlich unmögliche – Situation gestellt hat und die Tat von ihm fordert.

OKTOBER

# 29

*Willst* du Unvergängliches, so halte dich an Vergängliches, willst du Ewiges, so halte dich an Zeitliches, willst du Gott, so halte dich an die Welt.

30

OKTOBER

Es gehört zur Begrenztheit verantwortlichen Lebens und Handelns, dass es mit der Verantwortlichkeit der anderen ihm begegnenden Menschen rechnet.

OKTOBER

# 31

In konkreter Verantwortung handeln, heißt in Freiheit handeln, ohne Rückendeckung durch Menschen oder Prinzipien selbst entscheiden, handeln und für die Folgen des Handelns einstehen.

## NÄCHSTENLIEBE PRAKTIZIEREN

Es gibt zwei Möglichkeiten, einem Menschen, der von einer Last gedrückt wird, zu helfen. Entweder man nimmt ihm die ganze Last ab, sodass er künftig nichts mehr zu tragen hat. Oder man hilft ihm tragen, indem man ihm dies Tragen leichter macht. Jesus will nicht den ersten Weg mit uns gehen.

NOVEMBER

NOVEMBER

1

*Die* Frage: Wer ist denn mein Nächster (Lukas 10,29) ist die letzte Frage der Verzweiflung oder Selbstsicherheit, in derer Ungehorsam sich rechtfertigt. Die Antwort ist: Du selbst bist der Nächste. Geh hin und sei gehorsam in der Tat der Liebe. Nächster zu sein, ist nicht eine Qualifikation des anderen, sondern ist sein Anspruch an mich, sonst nichts.

NOVEMBER

# 2

In jedem Augenblick, in jeder Situation bin ich der zum Handeln, zum Gehorsam Geforderte. Es ist buchstäblich keine Zeit dafür übrig, nach einer Qualifikation des anderen zu fragen. Ich muss handeln und muss gehorchen, ich muss dem anderen der Nächste sein.

NOVEMBER

# 3

Was Gehorsam ist, lerne ich allein im Gehorchen, nicht durch Fragen. Erst im Gehorsam erkenne ich die Wahrheit. Aus dem Zwiespalt des Gewissens und der Sünde trifft uns der Ruf Jesu zur Einfalt des Gehorsams.

# 4

NOVEMBER

Der reiche Jüngling
wurde von Jesus in
die Gnade der
Nachfolge gerufen
(Markus 10,21),
der versucherische
Schriftgelehrte
wird zurückgestoßen
ins Gebot
(Lukas 10,25-37).

NOVEMBER

# 5

Das Gebot der Liebe ist nicht spezifisch christlich, sondern zur Zeit Jesu schon allgemein anerkannt und verbreitet. Bekannt ist die Stelle, wo Jesus nach dem höchsten Gebot gefragt wird und die Doppelantwort gibt: »Du sollst Gott, deinen Herrn lieben … Das andere aber ist dem gleich: Liebe deinen Nächsten als dich selbst« (Matthäus 22,37-39).

6

NOVEMBER

Du stehst vor dem Angesicht Gottes, Gottes Gnade waltet über dir, du stehst aber zum andern in der Welt, musst handeln und wirken, so sei bei deinem Handeln eingedenk, dass du unter Gottes Augen handelst, dass er seinen Willen hat, den er getan haben will.

NOVEMBER

# 7

Weigere dich nicht, dem Bedürftigen Gutes zu tun, wenn deine Hand es vermag« (Sprüche 3, 27). Wer ist der Dürftige? Jeder von uns. Wer ist der, der von Gott empfangen hat zu geben? Jeder von uns.

8

NOVEMBER

*Weigere* dich nicht – auf die Bitte nicht sofort nach Gründen suchen, sie auszuschlagen (Sprüche 3,28) –, recht geben heißt Gottes Gaben weitergeben, dass sie nicht als meine, sondern als Gottes Gabe erkannt wird. Die größte Gabe Gottes: Christus. Weigere dich nicht.

NOVEMBER

# 9

*Nicht* hinaus-
schieben, was du
heute tun kannst,
du machst deinen Tag
ärmer. Es kann
morgen zu spät sein.
Hilfe ist nur dann
Hilfe, wenn sie
gebraucht wird, nicht
wenn es mir gefällt,
sie anzubieten.

10

NOVEMBER

*Verschieben* bedeutet ein Nicht-ernstnehmen der letzten Entscheidung des Todes. Jede Bitte kann letzte Entscheidung über uns sein. Mit geplanten guten Taten rechtfertigen wir uns häufig. Wir kommen uns gerecht vor, weil wir Gutes zu tun bereit sind, aber auf das Tun allein kommt es an.

NOVEMBER

# 11

*Unser* Verhältnis zu Gott ist ein neues Leben im »Dasein für andere«, in der Teilnahme am Sein Jesu. Nicht die unendlichen, unerreichbaren Aufgaben, sondern der jeweils gegebene erreichbare Nächste ist das Transzendente.

# 12

NOVEMBER

Der Schwache richte nicht den Starken, der Starke verachte nicht den Schwachen. Der Schwache hüte sich vor Hochmut, der Starke vor Gleichgültigkeit.

NOVEMBER

# 13

Keiner suche sein eigenes Recht, fällt der Starke, so bewahre der Schwache sein Herz vor Schadenfreude, fällt der Schwache, so helfe ihm der Starke freundlich wieder auf. Einer braucht so viel Geduld wie der andere.

14

NOVEMBER

Nicht der Schwache hat dem Starken zu dienen, sondern der Starke dem Schwachen – und dies nicht aus Wohltätigkeit, sondern aus Fürsorge und Ehrfurcht. Nicht der Mächtige hat recht, letztlich hat immer der Schwache recht.

NOVEMBER

15

So bedeutet das Christentum eine Umwertung aller menschlichen Werte und die Errichtung einer neuen Ordnung der Werte im Angesicht Christi.

# 16

NOVEMBER

Es gibt kaum ein beglückenderes Gefühl, als zu spüren, dass man für andere Menschen etwas sein kann. Dabei kommt es gar nicht auf die Zahl, sondern auf die Intensität an.

NOVEMBER

# 17

*Schließlich* sind eben die menschlichen Beziehungen doch einfach das Wichtigste im Leben; daran kann auch der moderne »Leistungsmensch« nichts ändern, aber auch nicht die, die von menschlichen Beziehungen nichts wissen.

# 18

NOVEMBER

*Ich* meine demgegenüber hier, die Menschen müssen uns wichtiger im Leben sein als alles andere. Das bedeutet gewiss keine Geringschätzung der Welt der Dinge und der sachlichen Leistung.

NOVEMBER

# 19

Aber was ist mir das schönste Buch oder Bild oder Haus oder Gut gegenüber meiner Frau, meinen Eltern, meinem Freund? So kann allerdings nur sprechen, wer wirklich in seinem Leben Menschen gefunden hat.

20

NOVEMBER

Das einzig fruchtbare Verhältnis zu den Menschen – gerade zu den Schwachen – ist Liebe, d. h. der Wille, mit ihnen Gemeinschaft zu halten. Gott selbst hat die Menschen nicht verachtet, sondern ist Mensch geworden um der Menschen willen.

NOVEMBER

# 21

Es gibt […] eine aufrichtig gemeinte Menschenliebe, die der Menschenverachtung gleichkommt. Sie beruht auf der Beurteilung des Menschen nach den in ihm schlummernden Werten, nach seiner tiefsten Gesundheit, Vernünftigkeit, Güte.

# 22
NOVEMBER

Es ist für jedes christliche Zusammenleben eine Daseinsfrage, dass es gelingt, rechtzeitig das Unterscheidungsvermögen zutage zu fördern zwischen menschlichem Ideal und Gottes Wirklichkeit und zwischen geistlicher und seelischer Gemeinschaft.

NOVEMBER

# 23

Der Mensch lebt notwendig in einer Begegnung mit anderen Menschen, und ihm wird mit dieser Begegnung in einer je verschiedenen Form eine Verantwortung für den anderen Menschen auferlegt.

# 24

NOVEMBER

Sieh den Menschen in die Augen. Dann wirst du wissen, wie sie es meinen. Merke darauf, wie die Menschen lachen. Höre, wie die Menschen von ihren Eltern reden. Höre, wie sie von Gott reden.

NOVEMBER

# 25

Ein Christenleben besteht nicht in Worten, sondern in Erfahrung. Niemand ist Christ ohne Erfahrung. Nicht von der Lebenserfahrung ist hier die Rede, sondern von der Erfahrung Gottes.

# 26 NOVEMBER

Dankbarkeit entspringt nicht aus dem eigenen Vermögendes menschlichen Herzens, sondern nur aus dem Worte Gottes. Dankbarkeit muss darum gelernt und geübt werden. … Dankbarkeit sucht über der Gabe den Geber. Sie entsteht an der Liebe, die sie empfängt.

NOVEMBER

# 27

*Wer* in der Liebe Gottes bleibt, geht nicht den vorgeschriebenen Weg der Vortrefflichkeit in der Welt, sondern eigene, unverständliche, oft törichte Wege.

# 28 NOVEMBER

*Frei* sein heißt nichts anderes, als in der Liebe sein. Und in der Liebe sein heißt nichts anderes, als in der Wahrheit Gottes sein.

NOVEMBER

# 29

Der Mensch, der liebt, weil er durch die Wahrheit Gottes frei gemacht ist, ist der revolutionärste Mensch auf Erden. Er ist der Umsturz aller Werte, er ist der Sprengstoff der menschlichen Gesellschaft, er ist der gefährlichste Mensch.

30

NOVEMBER

Gott schämt sich der Niedrigkeit des Menschen nicht. Er geht mitten hinein, er wählt einen Menschen zu seinem Werkzeug und tut seine Wunder dort, wo man sie am wenigsten erwartet.

DEZEMBER

## DANKBARKEIT EMPFANGEN

Der Grund, aus dem wir als wirkliche Menschen leben dürfen und den wirklichen Menschen neben uns lieben dürfen, liegt allein in der Menschwerdung Gottes, in der unergründlichen Liebe Gottes zum Menschen.

DEZEMBER

# 1

Advent feiern heißt warten können; Warten ist eine Kunst, die unsere ungeduldige Zeit vergessen hat. Sie will die reife Frucht brechen, wenn sie kaum den Sprössling setzte; aber die gierigen Augen werden nur allzu oft betrogen, indem die scheinbar so köstliche Frucht von innen noch grün ist, und respektlose Hände werfen undankbar beiseite, was ihnen so Enttäuschung brachte.

2 DEZEMBER

Wer nicht die herbe Seligkeit des Wartens, das heißt des Entbehrens in Hoffnung, kennt, der wird nie den ganzen Segen der Erfüllung erfahren.

DEZEMBER

# 3

Wer nicht weiß, wie es einem zumute ist, der bange ringt mit den tiefsten Fragen des Lebens, seines Lebens, und wartend, sehnend ausschaut bis sich die Wahrheit ihm entschleiert, der kann sich nichts von der Herrlichkeit dieses Augenblicks, indem die Klarheit aufleuchtet, träumen.

# 4

DEZEMBER

Und wer nicht um die Freundschaft, um die Liebe eines anderen werben will, wartend seine Seele aufschließt der Seele des anderen, bis sie kommt, bis sie Einzug hält, dem bleibt der tiefste Segen eines Lebens zweier Seelen ineinander für ewig verborgen.

DEZEMBER

# 5

Auf die größten, tiefsten, zartesten Dinge in der Welt müssen wir warten, da geht's nicht im Sturm, sondern nach den göttlichen Gesetzen des Keimens und Wachsens und Werdens.

6

DEZEMBER

*Jesus* steht vor der Tür und klopft an (Offenbarung 3,20), ganz in Wirklichkeit, er bittet dich in Gestalt des Bettlers, des verkommenen Menschenkindes in den verlumpten Kleidern um Hilfe, er tritt dir gegenüber in jedem Menschen, der dir begegnet.

DEZEMBER

# 7

Christus klopft an, noch ist nicht Weihnachten, aber noch ist's auch nicht der große letzte Advent, das letzte Kommen Christi, und durch alle Advente unseres Lebens, die wir feiern, geht die Sehnsucht nach dem letzten Advent, wo es heißt: Siehe ich mache alles neu (Offenbarung 21,5).

# 8 DEZEMBER

*Adventszeit* ist Wartezeit, unser ganzes Leben aber ist Advents- das heißt Wartezeit aufs Letzte, auf die Zeit, da ein neuer Himmel und eine neue Erde sein wird.

DEZEMBER

# 9

*Täuschen* wir uns doch nicht. Die Erlösung naht (Lukas 21,28), ob wir das wissen oder nicht, und die Frage ist nur: Lassen wir sie auch zu uns kommen oder widersetzen wir uns? Lassen wir uns in diese Bewegung, die vom Himmel herab auf Erden kommt, hineinreißen oder verschließen wir uns? Es wird Weihnachten, ob mit uns oder ohne uns, das liegt bei jedem Einzelnen von uns.

# 10

DEZEMBER

Sehet auf, erhebet eure Häupter. Advent schafft Menschen, neue Menschen. Neue Menschen sollen auch wir im Advent werden. Sehet auf, ihr, deren Blick unverwandt auf diese Erde gerichtet ist, die gebannt sind von den kleinen Geschehnissen und Veränderungen auf der Oberfläche dieser Erde.

DEZEMBER

# 11

Sehet auf, die ihr euch vom Himmel enttäuscht abgewendet habt, zu diesen Worten, sehet auf, ihr, deren Augen von Tränen schwer sind und dem nachweinen, dass die Erde uns gnadenlos entrissen hat, sehet auf, ihr, deren Blick schuldbeladen sich nicht erheben kann – sehet auf, eure Erlösung naht.

12

DEZEMBER

Es geschieht noch etwas anderes, als was ihr täglich seht, nehmt es nur wahr, seid auf der Wacht, wartet noch einen kurzen Augenblick, wartet und es wird etwas ganz Neues über euch hereinbrechen. Gott wird kommen.

DEZEMBER

# 13

*Warten* kann nicht jeder: nicht der gesättigte, zufriedene und nicht der respektlose. Warten können nur Menschen, die eine Unruhe mit sich herumtragen, und Menschen, die zu dem Größten in der Welt in Ehrfurcht aufblicken.

# 14 DEZEMBER

So könnte Advent nur der feiern, dessen Seele ihm keine Ruhe lässt, der sich arm und unvollkommen weiß und der etwas ahnt von der Größe dessen, was da kommen soll, vor dem es nur gilt, sich in demütiger Scheu zu beugen, wartend bis er sich zu uns neigt – der Heilige selbst, Gott im Kind in der Krippe.

DEZEMBER

# 15

Gott kommt, der Herr Jesus kommt, Weihnachten kommt. Freu dich, o Christenheit! … Wenn die alte Christenheit vom Wiederkommen des Herrn Jesus redete, so dachte sie zunächst immer an einen großen Gerichtstag. Und so unweihnachtlich uns dieser Gedanke erscheinen mag, er ist urchristlich und überaus ernst zu nehmen.

# 16

DEZEMBER

Das Kommen Gottes ist wahrhaftig nicht nur Freudenbotschaft, sondern zunächst eine Schreckensnachricht für jeden, der ein Gewissen hat. Und erst, wenn wir den Schrecken der Sache empfunden haben, können wir die unvergleichliche Wohltat erkennen.

DEZEMBER

# 17

Wer bringt es denn heute noch fertig, so zu warten, so in der Zukunft zu leben, als wäre sie Gegenwart, so von Gott zu leben, als wäre er gewisser als mein eigenes Leben? Niemand anders als der weiß, dass der Gott, der da kommen will, schon längst gekommen ist.

18

DEZEMBER

So ist auch die Kirche Jesu Christi der Ort – das heißt der Raum – in der Welt, an dem die Herrschaft Jesu Christi über die ganze Welt bezeugt und verkündigt wird.

DEZEMBER

# 19

Ein Kind, von Menschen geboren, ein Sohn, von Gott gegeben. Das ist das Geheimnis der Erlösung der Welt. Alles Vergangene und alles Zukünftige ist hier umschlossen.

20

DEZEMBER

Wer wird Weihnachten recht feiern? Wer alle Gewalt, alle Ehre, alles Ansehen, alle Eitelkeit, allen Hochmut, alle Eigenwilligkeit endlich niederlegt an der Krippe.

DEZEMBER

# 21

Gott will nicht tote Christen, sondern Christen, die ihrem Herrn leben. Hören wir dieses Wort nicht, so ist Weihnachten an uns vorübergegangen.

22 DEZEMBER

*Wenn* Gott in Jesus Christus Raum in der Welt beansprucht – und sei es nur in einem Stalle, weil »sonst kein Raum in der Herberge«, war – so fasst er in diesem engen Raum zugleich die ganze Wirklichkeit der Welt zusammen und offenbart ihren letzten Grund.

DEZEMBER

# 23

Der Grund, aus dem wir als wirkliche Menschen leben dürfen und den wirklichen Menschen neben uns lieben dürfen, liegt allein in der Menschwerdung Gottes, in der unergründlichen Liebe Gottes zum Menschen.

# 24 DEZEMBER

Es geht wirklich über alles Begreifen: Die Geburt eines Kindes soll die große Wendung aller Dinge herbeiführen, soll der ganzen Menschheit Heil und Erlösung bringen.

DEZEMBER

# 25

Von der Geburt eines Kindes ist die Rede, nicht von der umwälzenden Tat eines starken Mannes, nicht von der kühnen Entdeckung eines Weisen, nicht von dem frommen Werk eines Heiligen.

# 26

DEZEMBER

Die Flucht nach Ägypten war kein blinder Zufall, sondern göttliche Verheißung und Erfüllung. In Ägypten wurde Jesus ganz eins mit den Leiden und den Freuden seines Volkes, des Volkes Gottes, unser aller. In Ägypten ist er mit uns in der Fremde, mit ihm werden wir auch aus der Fremde ausziehen in das Land Gottes.

DEZEMBER

# 27

*Weil* Jesus Christus die Mensch gewordene Liebe Gottes zu den Menschen ist, darum ist er nicht der Verkünder abstrakter ethischer Ideologien, sondern der konkrete Vollstrecker der Liebe Gottes.

28

DEZEMBER

Es bedarf ernstlicher Aufmerksamkeit, unermüdlichen Fragens und Lernens, um das rechte Gebot zu vernehmen und so die unerschöpfliche Güte Gottes in allen seinen Geboten zu erkennen.

DEZEMBER

# 29

*Nicht* unserer Hoffnungen werden wir uns einstmals zu schämen haben, sondern unserer ärmlichen und ängstlichen Hoffnungslosigkeit, die Gott nichts zutraut, die in falscher Demut nicht zugreift, wo Gottes Verheißungen gegeben sind.

# 30 DEZEMBER

*Weil* Gott den einzigen Grund unserer Gemeinschaft schon gelegt hat, weil Gott uns längst, bevor wir in das gemeinsame Leben mit anderen Christen eintraten, mit diesem zu einem Leib zusammengeschlossen hat in Jesus Christus, darum treten wir nicht als die Fordernden, sondern als die Dankenden und Empfangenden in das gemeinsame Leben mit anderen Christen ein.

DEZEMBER

# 31

Wir danken Gott für das, was er an uns getan hat. Wir beschweren uns nicht über das, was Gott uns nicht gibt, sondern wir danken Gott für das, was er uns täglich gibt.

# QUELLENVERZEICHNIS

**Fotos (chronologisch)**

**Januar:** © Leonid Tit/Fotolia; © pichetw/Fotolia; (3./4.) Rosette der Westminter Abbey © Yojik/Shutterstock; © Bernd S./ Fotolia; © kernel/Fotolia; © cosma/Fotolia; © Pavlo Vakhrushev/Fotolia; © linerpics/Shutterstock; © vovik_mar/Fotolia; © magdal3na/Fotolia; © Jan Woloszczuk/Fotolia; © Leonid Tit/Fotolia; (23./24.) Panoramablick von der Oder auf das winterliche Breslau © Pablo77/Shutterstock; (25./26.1.) Steinskulturen über dem Nordeingang der Westminter Abbey © Nicole Tan/Shutterstock; © PJGCC/Fotolia; © magann/Fotolia; © Galyna Andrushko/Fotolia.

**Februar:** © Leonid Tit/Fotolia; © ppart/Shutterstock; (4./5.) Blick von außen auf die gotischen Fenster des Breslauer Doms © Pablo77/Shutterstock; (5./6.) Blick hoch zum Vierungsturm der Kathedrale von Chichester in West Sussex © Lance Bellers/Shutterstock; © Galyna Andrushko/ Fotolia; © ArvaCsaba/Fotolia; © Stephen Bonk/Fotolia; © alexugalek/Fotolia; © jcfotografo/ Fotolia; © funnyangel/Shutterstock; © Katja Xenikis/Fotolia; © Martin M303/Fotolia; © Tomas Sereda/Fotolia; © leonid_tit/Shutterstock; © Tilio _Paolo/Fotolia; © nabby/Fotolia.

**März:** © Dmitri Ometsinsky/Shutterstock; © Horticulture/Fotolia; © Tupungato/Shutterstock; © Patryk Kosmider/Fotolia; © at_erics/Shutterstock; © Visions_AD/Fotolia; Julie Hagan/Shutterstock; © iLUXimage/Fotolia; © bodrumsurf/Shutterstock; © Mellimage/Fotolia; © Jearu/ Shutterstock; (21./22.) Blick auf die Front der Kaiser-Wilhelm-Gedächtniskirche in Berlin © Vorm in Beeld/Shutterstock; © alexkich/Fotolia; (25./26.) Die Brooklyn Brigde in New York City (USA) © Luciano Mortula/Shutterstock; © larshallstrom/Fotolia; © ANP/Shutterstock; © ricok/Shutterstock.

**April:** © Agnieszka Guzowska/Shutterstock; © paladin1212/Fotolia; © fretschi/Shutterstock; © golfmhee/Fotolia; © ChristArt/Fotolia; (9./10.) Blick auf die Westwand der Westminster Abbey mit den Märtyrern des 20. Jahrhunderts, Bonhoeffer ist der fünfte von links © Jules_ Kitano/Fotolia; © pixel&korn/Fotolia; © kevron2001/Fotolia; © Astrid Gast/Fotolia; © Sanit Fuangnakhon/Shutterstock; © Dirk Petersen/Fotolia; © Glenda Powers/Fotolia; © Picture-Factory/Fotolia; © refresh_PIX/Fotolia; © Barmaliejus/Fotolia; (29./30.) Innenraum der Kathedrale von Chichester © Westend61/picture alliance.

**Mai:** © kesipun/Fotolia; © vencav/Fotolia; © Sternstunden/Shutterstock; © roby1960/Fotolia; © gagyeos/Shutterstock; © Tyler Olson/Fotolia; © ydumortier/Fotolia; © magann/Fotolia; © Pavlo Vakhrushev/Fotolia; © hildevik/Fotolia; © fergregory/Fotolia; (21./22.) Blick auf das nördliche Hauptportal der Westminster Abbey © Kiev.Victor/Shutterstock; © ivan kmit/Fotolia; © Natalia Bratslavsky/Fotolia; © vladstar/Fotolia; © Jürgen Fälchle/Fotolia; © igosmakarov/Fotolia.

**Juni:** © Carlos Caetano/Fotolia; © Violetta/Fotolia; © sonne07/Fotolia; © Sergey Karpov/ Shutterstock; © T SOMBOS Alexis/Shutterstock; © baphotte/Fotolia; © zanna_/Fotolia; © gunnar3000/Fotolia; © Malena und Philipp K/Fotolia; © marilyn barbone/Fotolia; © Photocreo Bednarek/Fotolia; © Alexander Mazurkevich/Shutterstock; © Sergey Peterman/ Fotolia; (25./26.) Nächtliches Panorama von Stettin in Polen © Andrzej Rostek/Shutterstock; © Mike Mareen/Fotolia; © Iakov Kalinin/Fotolia.

**Juli:** © yellowj/Fotolia; (1./2.) Die Skyline von New York City bei Sonnenuntergang © Mihai Simonia/Shutterstock; © mimadeo/Fotolia; © josef rapek/Fotolia; © ArvaCsaba/Fotolia; © sculpies/Shutterstock; © Luciano Mortula/Shutterstock; © Netzer Johannes /Fotolia; © Pavlo Vakhrushev/Fotolia; © photolike/Shutterstock; (19./20.) Die St.-Matthäus-Kirche in Berlin © Katja Xenikis/Fotolia; © jojjik/Fotolia; © neirfy/Fotolia; (25./26.) Die Westfensterrosette von Notre Dame zu Ehren der Patronin der Kathedrale © Brian Kinney/Fotolia; © Julie Hagan/Shutterstock; © Hyena Reality/Shutterstock; © Grecaud Paul/Fotolia.
**August:** © Catwoman/Fotolia; © RRF/Fotolia; © Jose Ignacio Soto/Shutterstock; © rcfotostock/Fotolia; (7./8.) Die überkonfessionelle Riverside-Church in Manhattan, New York City (USA) © Felix Lipov/Shutterstock; © Aleksey Stemmer/Fotolia; © kesipun/Fotolia; © Smileus/Fotolia; © soupstock/Fotolia; © psdesign1/Fotolia; © beatrice prève/Fotolia; © Igor Zh/Shutterstock; © TTstudio/Fotolia; © dajh51/Fotolia; © UsedomCards.de/Fotolia; © jopelka/Shutterstock; © Shooting Wild Photography/Shutterstock.
**September:** © Det-anan/Shutterstock; © Boerescu/Shutterstock; © hitdelight/Fotolia; © Olga Khoroshunova/Fotolia; © Givaga/Fotolia; © psdesign1/Fotolia; © daniilantiq2010/Fotolia; © Anette Linnea Rasmussen/Fotolia; © Jearu/Shutterstock; © BildPix-de/Fotolia; © Svenja98/Fotolia; © FPWing/Fotolia; © Daniel Prudek/Fotolia; © Baltazar/Fotolia; © Sedlacek/Shutterstock; © Wesley Cowpar/Shutterstock.
**Oktober:** © Dmytro Sukharevskyy/Fotolia; (1./2.) Blick über den Hudson-River auf New York City © S.Borisov/Shutterstock; © Telezoomer/Fotolia; (5./6.) Die Marienkirche in Sigtuna bei Stockholm (Schweden) © Estea/Shutterstock; © Murat Subatli/Fotolia; © Pawel Papis/Shutterstock; © ArTo/Fotolia; © shaiith/Fotolia; © Pavlo Vakhrushev/Fotolia; © Sondem/Fotolia; © Vladimir Smirnov/Fotolia; © Vera Kuttelvaserova/Fotolia; © mije shots/Fotolia; © Kavita/Fotolia; © powell83/Fotolia; © TTstudio/Fotolia; © BillionPhotos.com/Fotolia.
**November:**
© Mrs.Blondy/Shutterstock; © Alexei-DOST/Shutterstock; © mr.nico/Fotolia; © eyewave/Fotolia; © derGrafiker.de/Fotolia; © Sergiy Serdyuk/Fotolia; © iko/Fotolia; (13./14.) Der Leuchtturm Darßer Ort auf der Halbinsel Fischland-Darss-Zingst © aldorado/Shutterstock; © RKPHOTO/Fotolia; © OLIVER stockphoto/Fotolia; © ricok/Shutterstock; © Igor Zh/Shutterstock; © leungchopan/Shutterstock; © Leonid Tit/Fotolia.
**Dezember:** © Kotangens/Fotolia; (1./2.) Winterliche Dombrücke zwischen Dom und Sandinsel in Breslau © kavalenkau/Shutterstock; © lily/Fotolia; © herl/Fotolia; © Miredi/Fotolia; © Leonid Tit/Fotolia; © kotafoty/Fotolia; © Dudarev Mikhail/Fotolia; © Gerken & Ernst/Fotolia; © httpwakenphotography.piczo.com/Fotolia; © Leonid Tit/Fotolia; © Photo-SD/Fotolia; © Sofiaworld/Shutterstock; © DeVIce/Fotolia; © pwollinga/Fotolia; © Laurentiu Iordache/Fotolia; © Pikoso.kz/Shutterstock.

**Texte**

Alle Texte von Dietrich Bonhoeffer sind entnommen aus den Dietrich Bonhoeffer Werken (DBW): Band 3: Schöpfung und Fall; Band 4: Nachfolge; Band 5: Gemeinsames Leben/Das Gebetbuch der Bibel; Band 6: Ethik; Band 8: Widerstand und Ergebung; Band 10: Barcelona, Berlin, Amerika 1928-1931; Band 11: Ökumene, Universität, Pfarramt 1931-1932; Band 12: Berlin 1932-1933; Band 13: London 1933-1935; Band 14: Illegale Theologenausbildung: Finkenwalde 1935-1937; Band 15: Illegale Theologenausbildung: Sammelvikariate 1937-1940; Band 16: Konspiration und Haft 1940-1945.

**Frontispiz:** Bd. 8, S. 607f;

**Januar:** Kapitelanfangsseite (nachfolgend KAS): Bd. 13, S. 345; 1.-5.: Bd. 11, S. 464f; 6.: Bd. 8, S. 536f; 7.: Bd. 11, S. 464f; 8.: Bd. 13, S. 360; 9.-10.: Bd. 15, S. 544ff; 11.: Bd. 15, S. 501; 12.-16.: Bd. 14, S. 871ff; 17.-19.: Bd. 3, S. 25f; 20.: Bd. 13, S. 345f; 21.-25.: Bd. 8, S. 244f; 26.-31.: Bd. 4, S. 171.

**Februar:** KAS: Bd. 13, S. 328; 1.-3.: Bd. 16, S. 671f; 4.-7.: Bd. 16, S. 670f; 8.: Bd. 12, S. 446; 9.-12.: Bd. 3, S. 65; 13.: Bd. 15, S. 525; 14.: Bd. 5, S. 67; 15.: Bd. 8, S. 226; 16.: Bd. 13, S. 353; 17.: Bd. 15, S. 524; 18.: Bd. 15, S. 272; 19.: Bd. 16, S. 670; 20.-21.: Bd. 5, S. 84; 22.: Bd. 14, S. 872; 23.: Bd. 8, S. 364; 24.-26.: Bd. 15, S. 518f; 27.: Bd. 13, S. 328; 28.: Bd. 13, S. 322; 29.: Bd. 16, S. 666f.

**März:** KAS: Bd. 8, S. 573; 1.-6.: Bd. 15, S. 527ff; 7.-10.: Bd. 5, S. 82f; 11.-12.: Bd. 5, S. 71; 13.-14.: Bd. 10, S. 483f; 15.-18.: Bd. 10, S. 572f; 19.: Bd. 10, S. 544; 20.-21.: Bd. 4, S. 158; 22.: Bd. 8, S. 429 f, 432 f, 435; 23.: Bd. 8, S. 435f; 24.: Bd. 14, S. 355f; 25.-26.: Bd. 15, S. 373f; 27.: Bd. 4, S. 158; 28.-29.: Bd. 15, S. 378; 30.-31.: Bd. 15, S. 375.

**April:** KAS: Bd. 10, S. 463; 1.-3.: Bd. 4, S. 113f; 4.: Bd. 6, S. 241ff; 5.-8.: Bd. 10, S. 320f; 9.-10.: Bd. 8, S. 542f; 11.: Bd. 14, S. 859; 12.: Bd. 16, S. 472f; 13.: Bd. 3, S. 30f, 34; 14.: Bd. 8, S. 49; 15.-16.: Bd. 4, S. 79f; 17.-19.: Bd. 10, S. 494f; 20.-23.: Bd. 5, S. 46f; 24.-25.: Bd. 5, S. 19f; 26.-28.: Bd. 8, S. 36; 29.: Bd. 10, S. 460; 30.: Bd. 4, S. 84.

**Mai:** KAS: Bd. 4, S. 47; 1.: Bd. 6, S. 37f; 2.-3.: Bd. 6, S. 279; 4.-6.: Bd. 8, S. 205f; 7.: Bd. 8, S. 572f; 8.-13.: Bd. 12, S. 455; 14.-16.: Bd. 12, S. 458; 17.: Bd. 15, S. 572; 18.: Bd. 5, S. 91f; 19.: Bd. 8, S. 573; 20.: Bd. 11, S. 393; 21.: Bd. 16, S. 651f; 22.: Bd. 10, S. 473; 23.: Bd. 6, S. 150; 24.: Bd. 6, S. 148ff; 25.: Bd. 5, S. 15; 26.: Bd. 11, S. 452; 27.-28.: Bd. 8, S. 573; 29.: Bd. 15, S. 526; 30.: Bd. 5, S. 18; 31.: Bd. 11, S. 356f.

**Juni:** KAS: Bd. 6, S. 70; 1.-4.: Bd. 11, S. 379f; 5.-7.: Bd. 8, S. 454f; 8.-9.: Bd. 6, S. 337; 10.-13.: Bd. 5, S. 30; 14.-15.: Bd. 10, S. 458f; 16.: Bd. 15, S. 373f; 17.-20.: Bd. 14, S. 951f; 21.-22.: Bd. 6, S. 240f; 23.-26.: Bd. 16, S. 661f; 27.-28.: Bd. 3, S. 64; 29.: Bd. 10, S. 463; 30.: Bd. 6, S. 288.

**Juli:** KAS: Bd. 13, S. 315; 1.-5.: Bd. 14, S. 144f; 6.-10.: Bd. 14, S. 146, 148; 11.: Bd. 8, S. 99; 12.: Bd. 6, S. 240; 13.: Bd. 11, S. 403; 14.: Bd. 15, S. 520; 15.: Bd. 8, S. 28; 16.: Bd. 8, S. 429f; 17.: Bd. 15, S. 524; 18.: Bd. 15, S. 502; 19.-20.: Bd. 16, S. 619, 621f; 21.: Bd. 15, S. 525; 22.-23.: Bd. 15, S. 504; 24.-29.: Bd. 15, S. 523f; 30.: Bd. 8, S. 548f; 31.: Bd. 13, S. 324.

**August:** KAS: Bd. 8, S. 359; 1.-5.: Bd. 15, S. 526f; 6.: Bd. 8, S. 358f; 7.: Bd. 8, S. 244; 8.: Bd. 10, S. 522; 9.: Bd. 8, S. 544; 10.: Bd. 8, S. 368; 11.: Bd. 13, S. 350; 12.: Bd. 8, S. 31; 13.: Bd.

6, S. 310; 14.: Bd. 8, S. 289; 15.: Bd. 5, S. 84; 16.: Bd. 15, S. 512; 17.: Bd. 16, S. 651; 18.: Bd. 15, S. 504; 19.: Bd. 15, S. 569ff; 20.: Bd. 8, S. 29 f; 21.: Bd. 12, S. 445; 22.-23.: Bd. 8, S. 36; 24.: Bd. 16, S. 490, 491, 492, 493; 25.-28.: Bd. 10, S. 456ff; 29.-31.: Bd. 4, S. 110.

**September:** KAS: Bd. 13, S. 300 f; 1.-4.: Bd. 10, S. 537f; 5.-8.: Bd. 4, S. 107f; 9.: Bd. 12, S. 234f; 10.-12.: Bd. 10, S. 536f; 13.: Bd. 13, S. 328; 14.: Bd. 13, S. 299; 15.: Bd. 13, S. 328; 16.: Bd. 13, S. 300; 17.: Bd. 15, S. 472; 18.-20.: Bd. 13, S. 401f; 21.-22.: Bd. 13, S. 319; 23.-26.: Bd. 15, S. 507f; 27.-30.: Bd. 3, S. 42

**Oktober:** KAS: Bd. 16, S. 657f; 1.-3.: Bd. 10, S. 504; 4.-5.: Bd. 6, S. 258; 6.-7.: Bd. 6, S. 171; 8.-9.: Bd. 6, S. 293f; 10.: Bd. 13, S. 322; 11.-12.: Bd. 6, S. 290ff; 13.: Bd. 5, S. 19; 14.: Bd. 6, S. 290ff; 15.: Bd. 6, S. 67f; 16.: Bd. 6, S. 237f; 17.-18.: Bd. 10, S. 330f; 19.-21.: Bd. 6, S. 241ff; 22.: Bd. 8, S. 36; 23.: Bd. 8, S. 571; 24.: Bd. 6, S. 224; 25.: Bd. 8, S. 535; 26.: Bd. 8, S. 30; 27.: Bd. 8, S. 24; 28.: Bd. 6, S. 289; 29.: Bd. 10, S. 512f; 30.: Bd. 6, S. 268; 31.: Bd. 6, S. 220.

**November:** KAS: Bd. 13, S. 375; 1.-4.: Bd. 4, S. 67; 5.-6.: Bd. 10, S. 328f; 7.-10.: Bd. 14, S. 868; 11.: Bd. 8, S. 558ff; 12.-13.: Bd. 5, S. 85f; 14.-15.: Bd. 13, S. 517; 16.-19.: Bd. 8, S. 567; 20.-21.: Bd. 8, S. 28f; 6; 22.: Bd. 5, S. 32; 23.: Bd. 6, S. 219; 24.: Bd. 10, S. 544; 25.: Bd. 15, S. 474; 26.: Bd. 16, S. 490, 491, 492, 493; 27.: Bd. 11, S. 426; 28.-29.: Bd. 11, S. 461f; 30.: Bd. 8, S. 99f.

**Dezember:** KAS: Bd. 6, S. 74; 1.-5.: Bd. 10, S. 529; 6.-8.: Bd. 10, S. 533; 9.-12.: Bd. 13, S. 336; 13.-16.: Bd. 10, S. 529, 530, 531, 532; 17.: Bd. 11, S. 393; 18.: Bd. 6, S. 49f; 18.: Bd. 16, S. 373; 19.: Bd. 16, S. 634; 20.: Bd. 13, S. 343; 21.: Bd. 15, S. 17; 22.: Bd. 6, S. 49; 23.: Bd. 6, S. 74; 24.-25.: Bd. 16, S. 634; 26.: Bd. 15, S. 494f; 27.: Bd. 6, S. 231; 28.: Bd. 15, S. 513; 29.: Bd. 15, S. 465; 30.-31.: Bd. 5, S. 24.

Vertiefende Informationen über Dietrich Bonhoeffer, sowie umfangreiche Literaturempfehlungen finden Sie auf dem Onlineportal des St. Benno Verlags: www.st-benno.de/bonhoeffer

Bibliografische Informationen der Deutschen Nationalbibliothek
Die Deutsche Nationalbibliothek verzeichnet diese Publikation in der Deutschen Nationalbibliografie; detaillierte bibliografische Daten sind im Internet über http://dnb.d-nb.de abrufbar.

**Besuchen Sie uns im Internet:**
**www.st-benno.de**

Gern informieren wir Sie unverbindlich und aktuell auch in unserem Newsletter zum Verlagsprogramm, zu Neuerscheinungen und Aktionen. Einfach anmelden unter www.st-benno.de.

ISBN 978-3-7462-4677-2 Umschlagmotiv: © Mybona/Fotolia (Kerzen)
ISBN 978-3-7462-4785-4 Umschlagmotiv: © Stuart Monk/Fotolia (Leuchtturm)


Zusammenstellung: Volker Bauch, Leipzig
Umschlag und Gestaltung: BIRQ DESIGN, Leipzig
Gesamtherstellung: Arnold & Domnick, Leipzig (A)